그리스·로마 신화 7
헤라클레스

메네라오스 스테파니데스 글 · 야니스 스테파니데스 그림
25년 동안의 신화 연구 끝에 완성한 이 작품은 1989년 세계에서 가장 오래되고 권위 있는 어린이 문학상 피에르 파올로 베르제리오상을 수상했습니다.

정재승 추천
KAIST에서 물리학을 전공하고 예일대학교 의대 정신과 연구원, 컬럼비아대학교 의대 정신과 조교수를 거쳐 현재 KAIST 바이오및뇌공학과 교수와 융합인재학부장으로 연구하고 있습니다. 의사결정 신경과학을 통해 정신질환을 탐구하고 사람을 닮은 인공지능을 개발합니다. 《과학 콘서트》《물리학자는 영화에서 과학을 본다》《인류탐험보고서》《인간탐구보고서》 등을 기획하거나 썼습니다. 책 읽기를 즐기며, 과학적 상상력과 신화적 상상력을 연결하고 싶어 합니다.

그리스·로마 신화 7
헤라클레스

메네라오스 스테파니데스 글 | 야니스 스테파니데스 그림 | 정재승 추천

1판 1쇄 발행 2022년 7월 20일 | 1판 5쇄 발행 2025년 1월 31일
펴낸이 정중모 | 펴낸곳 파랑새 | 등록 1988년 1월 21일(제406-2000-000202호)
주간 서경진 | 편집 정혜연 | 디자인 권순영
마케팅 홍보 김선규, 고다희 | 디지털콘텐츠 구지영
제작 윤준수 | 회계 홍수진
주소 경기도 파주시 회동길 152 | 전화 031-955-0700 | 팩스 031-955-0661
홈페이지 www.yolimwon.com | 전자우편 bbchild@yolimwon.com
ISBN 978-89-6155-986-7 74800, 978-89-6155-964-5(세트)

Greek Mythology
Text copyright © Menelaos Stephanides Illustrations copyright © Yannis Stephanides
All rights reserved. Korean translation copyright © 2022 by BluebBird Publishing Co.
Korean translation copyright arranged with Sigma Publications F.& D. Stephanides O.E.
through Shinwon Agency Co., Seoul.

이 책의 한국어판 저작권은 Shinwon Agency를 통한 독점 계약으로 파랑새에 있습니다.
저작권법에 의해 한국 내에서 보호를 받는 저작물이므로 무단 전재와 무단 복제를 금합니다.

어린이제품안전특별법에 의한 제품 표시
제조자명 파랑새 | 제조년월 2025년 1월 | 제조국 대한민국 | 사용연령 12세 이상

그리스·로마 신화 7

헤라클레스

메네라오스 스테파니데스 글
야니스 스테파니데스 그림

파랑새

실망하지 말라.
목표는 이루어서가 아니라
그것을 향해 가는 과정에서
우리를 성장시키기에
더욱 소중하다.

| 추천사 |

뇌과학으로 신화 읽기: 성장

생태계에 존재하는 모든 생명체들에게 삶의 목적은 무엇일까? 오래 생존하고 자신의 유전자를 다음 세대에게 전하는 것보다 더 의미 있고 가치 있는 '생의 목표'는 없는 것일까? 도대체 우리는 어떤 목적으로 삶을 살아가는 것일까?

인간은 스스로의 삶에 목적을 부여하는 유일한 동물이다. 인간은 이 땅에 정의를 바로 세우기 위해, 우주의 진실을 규명하기 위해, 더 많은 돈을 벌기 위해, 타인을 이롭게 하기 위해, 아름다움을 만들어내기 위해 제 삶을 바친다. 사람마다 삶에서 지향하

는 목표와 가치는 다르지만 우리는 인생의 소중한 시간들을 그 목표에 도달하기 위해 바치며, 때로는 그것을 위해 삶을 내던지기도 하는 유일한 동물이다. 내 삶의 목표는 시대가 부르고 내가 정하는 것이다.

　여러분은 이번 7권에서 헤라클레스를 만나게 된다. 그는 그리스·로마 신화에서 가장 매력적인 캐릭터이다. 신들의 영웅인 헤라클레스가 자신에게 부여된 열두 가지 위대한 과업을 이루는 모습을 이 책에서 흥미진진하게 살펴보게 될 것이다. 그 과정에서 헤라클레스는 영웅으로 성장한다.

인간은 저마다 다양한 삶의 목표를 정해 살아가지만, 솔직히 우리 삶이 그곳에 완전히 도달할 가능성은 없다. 돈을 많이 벌고 싶다는 꿈을 이룬다고 해도, 많은 돈을 주머니에 넣는 순간 더 큰돈을 욕망하기 때문이다. 절대적인 진리, 완벽한 정의, 순수한 아름다움에 우리 삶이 도달할 확률은 안타깝게도 없다. 하지만 실망하지는 말라. 목표는 이루어서가 아니라 그것을 향해 가는 과정에서 우리를 성장시키기에 더욱 소중하다. 헤라클레스가 열두 가지 과업을 통해 어느새 성장했던 것처럼.

이루지 못할 목표라면 바라지도 않는 삶의 태도가 '고정 마인드셋'이라면, 설령 실패하더라도 목표를 추구하는 과정에서 성장하길 꿈꾸며 최선을 다하는 삶의 태도를 '성장 마인드셋'이라고 부른다. 헤라클레스가 영웅이 된 것은, 열두 가지 과업을 모두 완수해서가 아니라 그 과정을 마다하지 않고 기꺼이 도전했기 때문이다. 그리스·로마 신화를 통해 여러분 모두 영웅이 되길

기대한다. 스스로 정한 삶의 목표를 향해 (설령 실패할지라도!)
기꺼이 도전하고 성장한다면, 여러분은 이미 영웅이다.

정재승 (뇌과학자, 『과학콘서트』 『열두발자국』 저자)

| 차례 |

추천의 글 6

영웅의 탄생 15

열두 가지 위대한 과업 71

과업을 완수하다 187

모든 시대의 영웅 249

영웅의 탄생

진정한 영웅

위대한 신 제우스가 신과 인간을 다스린다고 믿던 아득한 옛날, 그리스 땅에 신들 이상으로 존경받고 사랑받던 사람이 있었다. 그의 이름은 헤라클레스였다.

그는 용기에서나 수많은 위대한 업적에서나 그때까지 세상에서 살았던 어떤 자보다도 빛나는 존재였다.

헤라클레스는 어떤 한 지역의 좁은 테두리 안에 갇히기에는 너무 뛰어난 인물이었다. 그는 그리스의 모든 영웅 중에서도 최고의 영웅이었으며, 그리스를 벗어나서도 가장 영웅다운 영웅으로 인정받았다. 헤라클레스야말로 모든 그리스 사람들이 간절히 바라던 영웅의 모습이었다.

그리스 사람들의 꿈

모두 알다시피 그때 그리스는 작은 도시 국가로 나뉘어 서로 끊임없이 전쟁을 하고 있었다. 그 결과 모든 것이 파괴되어 절망만이 감돌았다.

비록 서로 전쟁을 벌이고는 있었지만 모든 그리스 사람들은 같은 말을 쓰고, 같은 신들을 믿고, 인생과 평화에 대해서도 한결같이 사랑을 품고 있었다. 그래서 그리스 사람들은 점점 더 그리스가 하나의 나라로 통일되기를 간절히 바라게 되었다.

그러나 그것은 단순한 바람으로만 남아 있었다.

신화로 꾸며진 헤라클레스의 탄생 이야기 속에 아름답게 드러나 있는 게 바로 그 바람이다.

당시 사람들은 올림포스의 신들이 모든 중요한 문제를 정한다고 믿었다. 그들은 제우스 신도 그리스가 하나로 통일되기를 바란다고 믿었다. 그래서 제우스가 '헤라클레스'라는 아들을 낳기로 결심한 것이라고 믿었다.

헤라클레스는 자라서 힘센 영웅이 되어 그들의 소망을 이루어 줄 인물이었다. 그런 만큼 제우스의 그 아들이 다스리게 될 도시는 모든 땅 가운데에서 가장 자랑스럽고 부유하고 강력한 나라여야 했다. 그 무렵 그 같은 나라는 미케네 말고는 없었다.

미케네를 세운 사람은 위대한 영웅이며 그 또한 제우스의 아들인 페르세우스였다. 페르세우스가 죽은 뒤 그의 아들인 엘렉트리온이 왕이 되었다. 엘렉트리온에게는 아홉 명의 아들과 '알크메네'라는 딸이 있었다. 그녀가 헤라클레스의 어머니가 되었다.

알크메네는 키가 크고 당당했으며, 세상에서 가장 아름답고 지혜로운 여자였다. 짙고 부드러운 머리카락이 그녀의 사랑스러운 얼굴을 둘러싸고 있었으며, 길고 까만 속눈썹은 크고 표정이 풍부한 눈을 돋보이게 했다.

알크메네는 영웅의 어머니가 될 만한 우아함을 지니고 있었다. 만일 제우스가 아이의 아버지가 되어 준다면, 그녀는 이 땅에 한 번도 나타나지 않았던 위대한 영웅을 낳을 게 분명했다. 그래서 제우스는 헤라클레스의 어머니로 모든 여신과 땅 위의 여자들 중에서 알크메네를 선택했다.

물론 제우스는 이미 헤라와 결혼한 몸이었다. 그러나 당시 사람들은 영웅과 위대한 지도자는 신의 아들이어야 한다고 믿기를 좋아했다. 또한 어떤 왕들은 자기가 제우스의 아들이라고 스스로 뽐내기도 했다. 그랬기 때문에 옛날 그리스 사람들은 신들이 좋아하는 다른 여자에게서 아이를 낳는 것에 대해 부끄럽게 생각하지 않았다.

어찌 되었든 간에 헤라클레스가 태어난 뒤로는 어떤 여자도 다시는 제우스의 아이를 낳지 않았다고 한다.

예전에도 그랬듯이, 제우스는 자신의 목적을 이루기 위해 교활한 꾀를 썼다. 그래서 그는 기회가 올 때까지 기다렸다.

여기서는 처음부터 이야기를 시작해 보겠다.

알크메네와 암피트리온

알크메네의 아버지 엘렉트리온은 자신의 딸을 트로이

젠의 왕 암피트리온과 결혼시키기로 약속했다. 그러나 미케네에 비극적인 일이 일어나 결혼이 미루어졌다.

엘렉트리온은 무시무시한 텔레보안과의 전투에서 아들을 모두 잃었다. 텔레보안은 귀청이 떨어질 것 같은 커다란 목소리를 지닌 종족으로 엘렉트리온의 소 떼를 끌고 가 버렸다. 미케네의 왕좌를 빼앗으려다가 실패하자 소 떼를 훔쳐 간 것이다. 그러고는 도둑질한 사실을 숨기기 위해 엘리스의 왕 폴릭세노스에게 소 떼를 넘겨 주었다.

이 사실을 안 암피트리온은 미래의 장인을 도우려고 그 소 떼를 찾아내 돈을 주고 사서는 미케네로 끌고 갔다.

그러나 뜻밖에도 엘렉트리온은 몹시 화를 냈다.

"폴릭세노스가 무슨 권리로 훔친 짐승을 팔 수 있단 말인가? 그리고 당신은 어찌 그런 부끄러운 거래를 할 수 있는가?"

그러자 암피트리온도 화가 나서 소리쳤다.

"모든 것은 신의 뜻이오! 나는 오직 당신을 도우려고 했을 뿐이오! 그 소들 때문에 사람들을 죽게 하느니 차라리 당신의 소 떼를 하데스의 어두운 지하 세계로 보내는 게

낫겠소!"

그러면서 암피트리온은 자신의 무거운 곤봉을 소 떼 한가운데로 던졌다. 홧김에 한 일이었지만 그 결과는 돌이킬 수 없는 비극이 되고 말았다. 곤봉이 황소의 뿔을 맞고 튕겨 나가 엘렉트리온의 머리를 치는 바람에 그만 그의 숨이 끊어지고 만 것이다.

이 불행한 사건이 있은 뒤 엘렉트리온의 왕좌는 동생인 스테넬로스에게 계승되었다.

한편 암피트리온은 뜻하지 않은 결과에 몹시 충격을 받았다. 그래서 그는 트로이젠도 스테넬로스에게 넘겨주고, 가지고 있던 모든 것을 포기한 채 크레온이 다스리는 테베로 떠나 버렸다.

그러나 그는 한순간도 알크메네를 잊은 적이 없었다. 마침내 그는 미케네로 사람을 보내, 자신이 잘못하여 저지른 비극에 대한 용서를 빌었다. 또한 알크메네가 아직도 자신과 결혼할 마음이 있는지 물었다.

바로 그 순간, 제우스는 알크메네에게 자신의 아이를 낳게 하기 위해 그녀의 마음속에 자신의 뜻을 불어넣었다.

이제 제우스의 뜻에 따라 움직이게 된 알크메네는 전령에게 이렇게 말했다.

"나는 암피트리온과 결혼하겠다. 그러나 한 가지 조건이 있다. 결혼식을 마치는 대로 텔레보안과 전쟁을 치러서 내 오빠들의 복수를 해 달라는 것이다. 이것은 나 혼자만의 소원이 아니다. 돌아가신 아버지 또한 그것을 바랄 거다."

암피트리온은 알크메네를 얻기 위해 무슨 일이든 하려고 했던 터라 이 요구를 물리칠 리가 없었다. 그러나 그에게 무슨 군대가 있는가? 그는 이제 병졸 하나 거느리지 못하는 신세였다.

그는 즉각 테베의 왕 크레온에게 부탁했다.

라이라푸스와 테우메사의 암여우

그러자 크레온은 이렇게 대답했다.

"테우메사의 암여우만 없애 준다면 당신이 원하는 군대를 주겠소."

테우메사의 암여우는 테베를 온통 뒤집어 놓은 피에 굶주린 짐승이었다.

테베 사람들은 신탁에 따라 잡아먹힐 남자아이 하나씩을 매달 암여우에게 바쳐야 했다.

이것은 너무도 끔찍해 차마 못 할 짓이었지만 암여우를 죽이는 일은 불가능했다. 그 암여우는 사람이든 짐승이든 그 어떤 것도 결코 따라잡을 수 없는 운명을 지닌 짐승이었기 때문이었다. 그것으로도 모자랐는지 암여우는 바다의 신 포세이돈의 보호까지 받고 있었다.

아테네의 왕 케팔로스가 그에게 '라이라푸스'라는 개를 주어 도와주기 전까지는 암피트리온에게도 희망이라곤 없었다. 라이라푸스는 신으로부터 절대로 먹이를 놓치지 않는 능력을 부여받은 개였다.

케팔로스 왕은 암피트리온에게 개를 주면서 부탁했다.

"하지만 될 수 있는 대로 개를 다시 데려오게. 라이라푸스는 예전에 제우스가 아게노르의 딸 에우로페에게 선물로 준 신성한 동물이네."

암피트리온은 개를 데리고 테우메사의 암여우를 찾으

러 떠났다. 라이라푸스는 금세 냄새를 맡고 암여우를 뒤쫓기 시작했다.

그리하여 결코 잡히지 않는 여우와 결코 놓치지 않는 개 사이의 추격전이 시작되었다.

둘 중에 누가 이길 것인가?

이것은 암피트리온과 테베 사람들뿐만 아니라 신들에게도 심각한 문제였다. 신들은 그 문제를 연구하러 한자리에 모였다.

만약 라이라푸스가 여우를 잡는다면, 운명의 여신이 정해 놓은 게 무슨 쓸모가 있겠는가? 그들이 모두 두려워하는, 여우의 수호신인 포세이돈의 분노는 또 어쩔 것인가?

반대로 만일 여우가 빠져나간다면, 신이 라이라푸스에게 내려 준 선물은 무슨 가치가 있겠는가? 그리고 제우스가 라이라푸스의 승리를 요구한다면 누가 감히 그것에 반대하겠는가?

마침내 제우스 스스로 해답을 찾아냈다. 자신도 기쁘고 다른 신들도 받아들일 수 있는 답변은 단 하나였다. 그것은 라이라푸스와 테우메사 암여우를 둘 다 생명이 없는 돌로 만들어 버리는 것이었다.

그렇게 되자 암피트리온은 그 신성한 개를 케팔로스에

게 돌려줄 수 없게 되었다. 뒷날 암피트리온은 자신이 텔레보안에서 빼앗은 섬 가운데 하나를 케팔로스에게 선물함으로써 그 이상의 보상을 했다.

이 섬은 지금 우리에게 케팔레니아로 알려진 섬이다. 새 왕인 케팔로스의 이름을 따서 지은 것이었다.

그러나 가장 중요한 점은 테베가 비로소 피의 제물을 바치는 일에서 풀려났다는 것과 암피트리온은 원하던 군대를 얻었다는 것이다.

더군다나 그 군대는 평범한 군대가 아니었다. 병사들은 테베의 아이들을 구해 준 데 대한 감사의 마음으로 목숨을 바칠 각오가 되어 있었다. 그래서 암피트리온은 알크메네가 요구한 약속을 지킬 수 있었다.

그리하여 마침내 결혼이 이루어졌으나 예식을 치른 것뿐이었다. 결혼식이 끝나자마자 암피트리온은 신부에게 작별 인사를 하고, 군대의 선두에 서서 텔레보안과 싸우러 출발했다.

제우스와 알크메네

알크메네는 궁전으로 돌아와 방문을 잠그고 들어앉아 남편이 돌아오기를 기다렸다. 그녀는 사랑하는 남편을 자기 손으로 전쟁터에 보낸 것이다.

이 모든 것은 신과 인간의 지배자인 전능한 제우스의 뜻에 따라 일어난 일이었다.

제우스의 계획이 착착 펼쳐지고 있었다.

알크메네가 홀로 앉아 며칠을 보낸 뒤였다. 제우스는 암피트리온의 모습으로 변하여, 젊은 신부의 방문을 열고 열정적으로 외치며 달려 들어갔다.

"이겼소, 우리가 이겼소! 드디어 텔레보안을 무찔렀소!"

그러고는 기쁨이 가득한 얼굴로 알크메네를 끌어안고 입맞춤을 퍼부었다.

제우스는 알크메네에게 정말로 자신이 싸우고 온 것처럼 전쟁터에서 벌어진 일들을 생생하게 들려주었다.

이것이야말로 제우스의 마지막 변장술이었다. 알크메네는 아무런 의심 없이 제우스를 남편이라고 믿었다. 그래서 제우스의 품에 안겨 긴 밤을 행복하게 보냈다.

그것은 보통 때의 하룻밤과는 다른, 실제로는 사흘 밤이나 이어진 정말로 긴 하룻밤이었다. 전능한 제우스의 뜻이 그러했다.

제우스는 밤의 길이를 늘리기 위해 헤르메스를 불러, 태양의 신 헬리오스에게 날아가 자신의 명령을 전하게 했다. 그날은 다른 때처럼 하늘을 가르는 여행을 하지 말고 하루 종일 찬란한 궁전 속에서 머무르라는 지시였다.

그 일이 끝나자마자 제우스는 헤르메스를 호라이 여신들에게 보내, 헬리오스의 날개 달린 말들과 번쩍이는 전차를 준비하지 말라고 지시했다. 태양의 신은 마음이 내키지 않았지만 자신의 지배자에게 복종할 수밖에 없었다.

그래서 좋든 싫든 헬리오스는 이 세상을 가로지르는 낮의 여행을 포기한 채, 궁전 안에서 투덜거리며 갇혀 있어야 했다.

"무슨 나라가 이따위야! 위대한 크로노스가 다스릴 때가 훨씬 나았지. 그때는 적어도 밤과 낮은 구별했다고! 게다가 크로노스는 부인만 남겨 놓고 테베로 모험을 하러 달려가지는 않았단 말이야!"

그러나 제우스가 헤르메스에게 시킨 일은 그것으로 끝나지 않았다. 그래서 헤르메스는 달의 여신인 셀레네에게 달려가서, 그날 밤하늘에 더 오랫동안 떠 있으라는 제우스의 명령을 전했다. 달도 해처럼 그 명령을 따르는 수밖에 없었다.

마지막으로 헤르메스는 잠의 신 힙노스에게 갔다. 헤르메스는 그날 밤 모든 사람을 깊은 잠에 빠뜨려야 한다는 제우스의 명령을 전했다. 이 명령 역시 실행되었다.

따라서 그 하룻밤이 사흘에 해당하는 시간이었다는 것을 의심하는 사람은 지구에 단 한 명도 없었다.

그러나 그토록 늦추었어도 마침내 새벽이 왔다. 그러자 제우스는 소리 없이 사라졌다.

제우스가 사라지고 나서 진짜 암피트리온이 나타났다. 승리하여 돌아온 그는 열정적으로 신부를 껴안으러 달려들었다.

그러나 알크메네는 너무도 태연하게 그를 바라보며 조금도 기뻐하지 않았다.

암피트리온이 뜻밖인 듯 물었다.

"내가 반갑지 않은 거요?"

알크메네가 대답했다.

"무슨 소리예요? 우리는 밤새 함께 있었잖아요?"

암피트리온은 이 대답에 얼떨떨했지만, 승리의 기쁨과 알크메네를 다시 만난 데 너무 흥분되어 별다른 생각은 하지 않았다. 대신 그는 대단했던 전투와 거기서 자신이 한 영웅적인 역할에 대해 자세히 말하기 시작했다.

"정말 대단했어요, 당신은 훌륭해요. 하지만 두 번씩이나 같은 이야기를 들려주다니, 이유를 모르겠네요."

알크메네가 대답했다.

암피트리온은 자신의 귀를 믿을 수가 없었다. 그는 알크메네에게는 아무 말도 하지 않았지만, 갈피를 잡을 수 없는 그녀의 말에 대한 설명을 들으러 델포이 신전으로 찾아갔다.

거기서 암피트리온은 자신이 없는 사이에 벌어졌던 모든 일을 알았다. 게다가 그는 앞으로 아내가 두 아들을 낳으리라는 것과 그중 하나는 제우스의 아들로 그리스 전체에서 가장 강한 영웅이 될 거라는 이야기도 들었다.

헤라클레스의 탄생

아홉 달이 지난 어느 날 저녁, 신들이 올림포스의 눈부신 방에서 먹고 마시고 있을 때였다. 제우스가 식탁에서 일어나더니 중대한 발표를 했다.

"신들이여, 내 말을 들으라. 이 순간 내 기쁨이 너무도 커서 더 이상 비밀로 할 수가 없구나. 오늘 밤 페르세우스 가문에서 태어나는 첫 번째 아이는 내 아들로, 그는 이 세상에서 일찍이 볼 수 없었던 가장 위대한 영웅이 될 것이다. 모든 그리스 인이 그의 뜻에 복종하게 되리니, 그의 이름은 헤라클레스다."

이 말을 듣자 헤라는 질투심으로 어찌할 바를 몰랐다. 또다시 남편이 다른 여자에게서 아이를 낳은 것이다!

참을 수 없던 헤라는 옆에 앉아 있는 교활한 여신 아테에게 무엇인가 속삭인 다음, 제우스를 향해 큰 소리로 말했다.

"당신은 취해 있을 때는 늘 큰 약속을 하고 다음 날 아침이면 잊어버리니 아무것도 되는 일이 없었어요. 이번에 나는 당신이 우리 모두 앞에서, 오늘 밤에 태어나는 페르세우스 가문의 첫 번째 아이가 정말로 당신이 말한 것처럼 위대한 영웅이 되고, 모든 그리스인이 그의 뜻에 복종하게 될 것임을 엄숙히 맹세하길 바랍니다."

아무것도 의심하지 않은 제우스는 한순간도 생각해 보지 않고, 절대로 깨뜨릴 수 없는 맹세를 했다.

"좋소, 나는 신성한 스틱스강 물에 걸고 내가 말한 대로 될 것임을 맹세하오!"

남편의 맹세를 들은 헤라는 슬며시 미소를 지었다.

헤라의 교활한 꾀

미케네에서는 스테넬로스의 아내 니키페가 아이를 낳으려 하고 있었다. 스테넬로스는 알크메네의 아버지와 마찬가지로 페르세우스의 아들이었다. 니키페는 아이를 가진 지 이제 겨우 일곱 달밖에 되지 않았지만 헤라에게 그것은 문제가 되지 않았다.

헤라는 즉각 출산의 여신인 에일레이티아를 불러 서둘러 테베로 가서 알크메네의 진통을 길게 끌게 하고, 그런 다음 곧장 미케네로 가서 니키페의 아이를 먼저 태어나게 하라고 명령했다.

헤라의 명령은 정확하게 이루어졌다. 그리하여 제우스의 잘 짜인 계획과는 달리, 그날 밤에 태어난 페르세우스 가문의 첫 번째 아이는 예정보다 두 달 먼저 세상에 끌려나온 허약하고 조그만 미케네의 에우리스테우스가 되었다.

한 시간 뒤에 헤라클레스가 태어났고 곧이어 다른 아이가 태어났는데, 그는 암피트리온의 아들인 이피클레스였다.

헤라클레스가 태어난 직후 헤라는 제우스 앞에 나타나 말했다.

"당신을 실망시키게 되어서 두렵군요! 오늘 밤 태어난 페르세우스 가문의 첫 번째 아이는 당신의 아들이 아니라 미케네 왕 스테넬로스의 아들 에우리스테우스였어요. 그러니 당신의 맹세대로 명령은 첫 번째 아이인 에우리스테우스가 내리고, 헤라클레스는 그 명령에 복종해야 되겠지요!"

제우스는 너무나 노여워서 말을 할 수가 없었다. 그의

모든 계획이 순식간에 물거품이 되고 말았다. 끔찍하고 믿을 수 없는 일이었지만 사실이었다.

"에우리스테우스는 명령을 내릴 것이고, 헤라클레스는 그것에 복종해야 하리라."

제우스 자신이 신선한 스틱스의 강물에 대고 맹세했던 것이다.

이리하여 헤라는 신들과 인간의 위대한 지배자를 속였고, 당시 그리스 사람들의 꿈을 꿈으로만 남게 만들어 버렸다.

물론 에우리스테우스가 모든 그리스의 참된 지도자가 된다는 것은 불가능했다.

제우스는 너무나 화가 나서 정신을 차리지 못했다. 어떻게 해서 그런 함정에 빠지게 되었는지 짐작조차 가지 않았다. 그는 아테 여신과 눈이 마주치는 순간 모든 것을 알아차렸다. 그의 판단을 흐리게 하고, 아무것도 눈치채지 못하게 만든 것은 바로 아테였다. 그녀는 대가를 치러야 했다.

제우스는 아테의 땋은 머리를 붙잡아 초인적인 힘으로

그녀를 올림포스 밖으로 내팽개쳤다. 그날 이후로 교활한 아테는 땅 위로 내려온 채 사람들 사이에서 살게 되었다.

그리고 사람들 사이에서 떳떳하지 않게 이루어지는 모든 일은 그녀의 손에 의해 조종되는 것이라고 여겨졌다. 속임수를 뜻하는 그리스 단어 또한 '아테에 의한 것'이라는 뜻이다.

제우스는 아테를 올림포스 밖으로 던져 버리고 난 다음, 신들에게 돌아와 말했다.

"슬프도다, 맹세를 했으니 내 말을 돌이킬 수도 없구나. 헤라클레스는 온 그리스 백성이 오랫동안 기다려 온 위대한 지도자가 되지는 못하리라. 그 대신 그는 너무나 많은 고통과 어려움을 겪을 것이니 생각만 해도 가슴이 찢어질 것 같구나.

하지만 그는 열두 가지 위대한 과업과 그 밖에도 놀라운 일들을 해낼 것이니, 이전의 그 어떤 신이나 인간도 받지 못했던 찬양과 존경을 받으리라. 그리고 땅에서의 삶이 끝나면 그는 이 올림포스에 받아들여지리라. 그는 신이 될 것이다. 헤라까지도 그를 동등하게 친구로 받아들일 것이다."

하지만 이 말을 들은 헤라는 혼자 중얼거릴 뿐이었다.

"내가 알크메네의 자식과 화해하리라고 생각하다니, 제우스는 얼마나 어리석은가. 말도 안 돼! 그런 일은 결코 없어. 왜냐하면 헤라클레스는 살아남지 못할 테니까. 간단하지. 차라리 갓난아기 때 죽이고야 말겠어. 그게 제일 죽이기 쉬우니까."

버려진 아기에게 젖을 먹이는 헤라

그 대신 헤라는 전혀 달갑지 않은 일을 해야 했다.

어느 날 저녁, 제우스는 알크메네의 마음에 두려운 예감을 불어넣었다. 그의 아내인 헤라가 바로 그날 밤, 갓난아기인 헤라클레스에게 해를 끼칠 것 같다는 느낌을 불어넣어 준 것이다.

알크메네는 헤라의 노여움에서 아기를 구하기 위해, 어린 헤라클레스를 안고 궁전을 빠져나와 테베의 성벽 밑에 있는 외딴곳으로 데리고 갔다. 거기서 그녀는 아테나 여신에게 자신의 어린 아들을 지켜 달라고 부탁했다.

제우스의 명령에 따라 아테나는 헤라를 데리고 테베 교외를 산책하다가 우연한 일인 것처럼 헤라클레스가 누워 있는 그 옆을 지나갔다.

헤라는 아이를 보자마자 놀라서 소리를 질렀다.

"아기가 이런 거친 들판에 홀로 있다니! 조그만 녀석이 어쩜 이리도 용감하지! 이렇게 귀엽고 건강한 아기는 처음 봐."

아테나는 헤라에게 곁눈질을 하며 거들었다.

"대체 몇 시간 동안이나 여기 버려진 채 있었던 걸까요? 세상에, 무정도 하지! 여신이시여, 당신에게는 젖이 있으니 아기에게 좀 물리지 않겠어요? 아기가 너무 목이 말라 보이는군요."

헤라는 기꺼이 아기에게 젖을 물렸다. 하지만 헤라클레스가 너무 세게 빠는 바람에 어찌나 아픈지 당장에 아기를 거칠게 밀어 버렸다.

그러자 헤라의 가슴에서 뿜어져 나온 젖이 어두운 하늘로 분수처럼 솟구쳤다. 하늘로 솟구친 젖은 은하수가 되었다.

그러나 일은 거기에서 그친 게 아니었다. 헤라의 젖을 먹은 헤라클레스는 이제 죽지 않는 존재가 된 것이다. 바

로 그녀가 헤라클레스를 죽이기는커녕 불멸의 존재로 만든 것이다.

화가 난 헤라가 아테나를 재촉해서 막 자리를 뜨려고 할 때, 발자국 소리가 들려왔다.

아테나가 말했다.

"누가 오나 숨어서 봐요."

급히 다가와 아이를 안고 가는 사람이 알크메네라는 것을 안 순간, 헤라는 분노로 얼굴이 창백해져서 입술을 깨물었다. 이제야 헤라는 무슨 일이 일어난 것인지 알아차렸다. 그녀가 제우스를 속인 것처럼 지금 그녀도 똑같이 당한 셈이었다.

헤라는 자기도 할 말이 없다는 것을 알았지만, 달빛 아래 어떤 여신보다도 사랑스러운 알크메네를 보자 질투가 더욱 심해졌다.

헤라는 무슨 일이 있어도 헤라클레스를 짓밟고야 말겠다는 결심을 더욱 단단히 했다. 자신이 불멸을 선사할 수 있었다면, 그것을 다시 빼앗아 오는 것도 자신의 능력에 달린 일일 것이다.

그때부터 제우스는 아테나에게 어린 헤라클레스를 지키는 일을 맡겼다. 이 지혜의 여신은 아기를 돕기 위해 정성을 다했다.

아테네는 자신의 새인 지혜로운 부엉이를 보내 아기의 요람 위에서 보초를 서게 했다. 아기는 나날이, 아니 매 시각마다 지혜를 키워 갔다. 그리고 감시 잘하는 부엉이가 지켜 주는 가운데 모든 위험으로부터 안전하게 보호받았다. 더운 여름밤이면 부엉이는 밤새도록 날개를 퍼덕여 아기에게 바람을 불어 주었다.

알크메네는 쌍둥이 형제를 재우기 위해 요람을 흔들었다. 그 요람은 커다란 방패를 매달아 놓은 것으로 매우 훌륭했다. 그 방패는 원래 텔레보안 왕의 것이었으나 암피트리온이 전쟁에서 이겨 빼앗아 온 것이었다. 두 형제는 공중에서 흔들거리는 방패 안에서 잘 놀았다. 그러나 헤라클레스는 너무나 생기발랄한 아기인지라 어느 날 이피클레스를 요람의 가장자리로 밀어 버렸다.

알크메네는 아기가 마루에 부딪치는 소리를 듣고 깜짝 놀라 허겁지겁 달려왔다. 다행히 이피클레스는 다치지 않앉다. 놀란 가슴은 가라앉았지만 알크메네는 즉시 요람을 떼어 바닥으로 내려놓았다.

그러나 어린 헤라클레스의 작은 몸이 뿜어내는 힘이 어느 정도인지는, 헤라가 그를 죽이려고 처음 시도했을 때까지는 세상에 드러나지 않았다.

아슬아슬한 위기

부엉이가 아테나 여신의 가장 훌륭한 자수 조각을 망쳐버린 거미를 찾아내 벌주려고 잠시 자리를 뜬 어느 날 밤, 드디어 헤라에게 기회가 찾아왔다.

물론 부엉이는 자리를 뜨기 전에 알크메네에게 아기들을 지키라고 경고했다. 그녀는 부엉이가 돌아올 때까지 아기들을 지킬 수 있도록 체격이 좋은 열두 명의 시녀를 불러 모았다.

시녀들은 아이들 방에서 뜨개질을 하며 앉아 있었다. 하지만 등불이 꺼지는 시간이 되자 그들의 눈꺼풀은 점점 무거워졌다. 하나씩 차례로 꾸벅꾸벅 졸기 시작하더니 결국은 모두들 잠에 곯아떨어지고 말았다.

마지막까지 잠들지 않던 한 시녀가 고개를 끄덕이며 졸고 있을 때였다. 반쯤 열린 문을 통해 거대한 뱀 두 마리가 슬며시 기어 들어왔다. 헤라클레스를 물어 죽이려고 헤라가 들여보낸 뱀이었다.

달빛이 창을 통해 쏟아져 들어와 아이들을 비추었다. 두 마리의 뱀은 아기들의 요람을 향해 곧장 기어갔다.

그러나 뱀들이 마루를 기어가면서 내는 작은 소리만으로도 어린 헤라클레스는 잠에서 깨어났다. 헤라클레스는 뱀들을 보자마자 자신에게 다가오는 위험에 맞설 준비를 하기 위해 요람에서 벌떡 일어나 앉았다.

헤라클레스의 갑작스러운 움직임 때문에 이피클레스도 잠에서 깨었다. 그는 뱀을 보자마자 공포에 질려 비명을 질렀다. 그 소리 때문에 시녀들이 깨어났다. 시녀들은 방에 들어온 거대한 두 마리의 뱀을 보고는 너무도 놀라 도와달라고 비명을 지르며 밖으로 뛰쳐나갔다.

알크메네는 비명 소리를 듣고 암피트리온을 깨웠다. 병사들도 모두 잠이 깨어 궁궐은 발칵 뒤집혔다. 암피트리온은 손에 칼을 쥔 채 병사 한 무리를 끌고 발소리를 죽여

아이들 방으로 들어갔다. 그러나 그의 눈앞에는 도무지 믿을 수 없는 장면이 펼쳐지고 있었다!

뱀을 목 졸라 죽인 헤라클레스

아기 헤라클레스가 자리에 앉은 채 두 마리의 거대한 뱀을 손에 꽉 쥐고 있었다. 뱀은 그 악마와 같은 손아귀에 잡혀 몸을 비비 꼬며 몸부림치고 있었다.

암피트리온은 뱀을 죽이려고 칼을 들어 올렸지만 곧 그럴 필요가 없다는 것을 깨달았다.

헤라클레스는 기절할 정도로 놀란 의붓아버지의 발밑에 죽어 버린 뱀을 던졌다.

그동안 이피클레스는 겁에 질려 내내 훌쩍이고 있었다.

그리하여 헤라의 암살 시도는 헛일이 되었고, 오히려 그 장면을 목격한 모든 사람들에게 이 아이가 언젠가는 위대한 과업을 달성할 인물이라는 사실을 깨닫게 해 주었다.

또한 그때까지 두 아이 중에서 누가 자기 아들인지 아닌지 알지 못했던 암피트리온은 비로소 제우스의 아들을 놀라운 존경심을 품고 바라보게 되었다.

그때부터 암피트리온은 헤라클레스를 자신의 친아들보다 더 각별하게 돌보았다. 그를 가르치기 위해 당대의 가장 위대한 학자들과 가장 유명한 예술가들과 가장 뛰어난 운동선수들을 불러 모았다.

읽고 쓰는 것을 배운 헤라클레스는 문학·철학·천문학·음악을 배웠다. 그러나 무엇보다도 그는 전쟁술과 더불어 체육을 배웠고, 모든 경기 종목을 연습했다.

암피트리온은 헤라클레스에게 이륜마차 기술을 가르쳤다.

예전에 암피트리온 역시 목표물을 놓치지 않고 화살을 쏘고, 누구보다 더 멀리 창을 던지며, 어지러울 정도로 재빨리 칼을 다루고, 가장 무거운 곤봉을 나뭇가지인 양 휘두르는 기술을 훈련받았다.

헤라클레스 또한 상대할 자가 없는 씨름꾼이 되었으며, 무서운 권투선수가 되었고, 가장 발이 빠른 달리기 선수가 되었다. 그리고 이 모든 것 외에 가장 교묘한 전쟁술도 공부했다.

리노스

헤라클레스는 절대로 자신의 힘을 다른 자들을 제멋대로 해치는 데 쓰지 않았다. 하지만 그는 어느 누구한테라도 학대당하거나 모욕당하는 것만은 참지 못했다. 누구든 헤라클레스의 무시무시한 분노를 불러일으키면 그에 따른 무거운 대가를 받아야 했다. 불행하게도 바로 그런 일이 그에게 음악을 가르친 젊은이였던 리노스에게 일어났다.

헤라클레스는 다른 모든 과목과 마찬가지로 음악을 사랑했다. 하지만 리라 연주를 배울 때 그는 심각한 어려움에 빠지고 말았다. 그의 손가락이 너무 굵고 강해서 리라 줄이 아예 끊겨 버리고 만 것이다. 그러자 음악 선생인 리노스는 너무나도 격분하여 신과 악마를 들먹이며 헤라클레스를 저주했다.

헤라클레스는 리라를 부드럽게 다루려고 애썼지만 조금도 나아지지 않았다.

어느 날 헤라클레스는 어려운 곡을 연습하다가 그만 리라의 모든 줄을 한꺼번에 끊어 버리고 말았다. 화가 폭발

한 리노스는 참을성을 잃고 헤라클레스를 마치 죽일 것처럼 때리기 시작했다.

배우는 것에도, 선생에게도 진저리를 느낀 헤라클레스는 리라를 리노스의 머리에 던져 버렸다. 하지만 그는 자신의 힘을 조절하지 못했다. 힘차게 날아간 리라는 리노스를 쓰러뜨렸고 그는 다시는 일어나지 못했다.

다음 날, 어린 헤라클레스는 재판정에 섰다.

재판관들이 그에게 말했다.

"너는 네 스승을 죽였다. 너는 끔찍한 죄를 저지른 것이다."

헤라클레스가 대답했다.

"정말로 저는 그를 죽일 뜻이 전혀 없었습니다. 그런 일이 일어나서 참으로 유감으로 생각합니다."

재판관들이 엄하게 말했다.

"그런 행동에 대해서는 어떤 변명도 할 수 없다."

그러나 헤라클레스는 자기 자신을 변호할 수 있었다. 그가 배운 모든 현명한 가르침이 헛되지 않았던 것이다.

"저는 그를 죽이고 싶어 하지 않았다고 말했습니다. 그렇게 된 데에는 이유가 있었습니다. 당신들은 재판관들입니다. 당신들은 공격받은 사람에게는 자신을 지킬 권리가 있다고 법으로 정해져 있는 것을 알 것입니다. 그것은 제우스와 에우로페의 아들인 라다만티스와 그리스의 위대한 법률가들에 의해 선언된 것입니다."

재판관들은 그 말을 듣자 할 말을 잃고 당황했다. 그들은 함께 모여 회의를 한 다음 마침내 판결을 내렸다.

헤라클레스는 무죄였다.

키타이론에서

암피트리온은 의붓아들이 자기에게도 어떤 폭력을 쓸지 몰라 조바심으로 쩔쩔맸다. 그래서 헤라클레스에게 키타이론산에서 양 떼를 지키는 일을 하라고 시켰다.

헤라클레스는 산 위에서 목동이 되어 2년 동안 머물렀다. 그 사이 그는 소년에서 청년으로 성장했다. 근육은 단단해지고 힘은 더욱 세졌다.

그 산에는 바로 이웃 도시인 테스피오스 왕의 양 떼도 있었다. 키타이론을 찾았던 테스피오스 왕은 헤라클레스를 자주 만나게 되면서 서로 친구가 되었다.

어느 날 왕은 그에게 위험을 알리기 위해 부랴부랴 달려왔다. 사나운 사자가 양 떼 사이로 뛰어들어 피바다를 만들어 놓았다는 것이었다.

그러자 곧 몇 명의 마을 사람이 다른 양치기를 따라 그 자리로 왔다. 모든 사람들의 얼굴에 두려움과 걱정이 가득했다. 그러나 헤라클레스는 전혀 두려워하지 않았다.

헤라클레스는 그 이야기를 듣자마자 말 한마디 없이 숲으로 사라졌다. 그 숲은 그가 처음으로 야생 올리브나무를 베어 커다란 곤봉을 만들던 곳이었다. 그는 거기서 사자의 발자국을 찾았다.

헤라클레스는 사자 발자국을 따라 샘가로 갔다. 사자가 물을 마시러 오는 곳이었다.

헤라클레스는 바위 뒤에 숨어서 기다렸다가 사자가 나타나자 뛰어올라 곤봉으로 내리쳤다. 단 한 방에 사자는 숨이 멎었다. 두 번 내리칠 필요도 없었다. 그 힘센 맹수는 젊은 영웅의 발밑에 생명을 잃고 쓰러졌다.

사자가 죽었다는 소식이 퍼져 나가자 여기저기서 헤라

클레스에 대한 칭찬의 말이 들려왔다. 모두들 그의 용기와 힘에 대해 떠들었다.

헤라클레스의 용기와 힘에 감탄한 테스피오스 왕은 그를 자신의 궁전에 초대했다. 그는 50명의 딸에게 50일 동안 헤라클레스를 친절히 대접하게 했다.

그동안 테베에서는 큰일이 벌어지고 있었다.

이웃 나라 오르코메노스의 왕 에르기노스가 엄청난 군대를 이끌고 도시를 공격해서 크레온을 정복하고, 테베 사람들에게 엄청나게 무거운 공물을 바치게 한 것이었다.

헤라클레스만이 테베를 구할 수 있다고 확신한 암피트리온은 그에게 돌아오라고 명령했다. 헤라클레스는 다른 목동에게 자신의 양 떼를 맡기고 테베를 향해 떠났다.

선과 악

길을 재촉하던 그의 앞에 갑자기 두 여인이 나타났다. 그들은 둘 다 매우 아름다웠지만 풍기는 인상은 아주 달랐다.

한 여인은 매우 화려한 모습이었다.

그녀는 눈부시게 잘 차려입었으며 머리도 탐스럽게 다듬었고, 아름답게 화장하고 있었다. 화려한 드레스에는 반짝이는 보석들이 주렁주렁 달려 있어서 황홀할 만큼 아름다웠다.

매혹적인 미소에다가 유혹하는 듯한 눈동자, 특별한 몸놀림과 마음을 들뜨게 하는 향기에 남자라면 누구나 끌리지 않을 수 없었다.

"내 이름은 환희예요."

그녀는 이렇게 말하기를 좋아했지만 그녀의 진짜 이름이 '악'이라는 것은 이미 널리 알려져 있었다.

또 한 여인은 소박한 인상으로 그다지 눈길을 끌지 않았다.

그러나 그녀는 자연스러운 아름다움을 지니고 있었다. 어쨌든 그녀 역시 자신이 어떻게 보이는지에 대해 무관심하지는 않았다. 그러나 그녀가 외모에 대해 신경 쓰는 것은 자신과 다른 사람들을 본능적으로 존중했기 때문이었다.

그녀의 눈빛과 몸놀림 속에는 타고난 여성적 우아함이

넘쳐흐르고 있었다. 그런데다 눈 코 입이 뚜렷한 그녀의 용모는 영혼의 고상함을 나타내 주고 있었다.

그녀의 이름은 '선'이었다. 꾸밈없고, 진지하고, 정말 사랑스러운 그녀는 진정한 여신이었다.

두 명의 여인을 보자 헤라클레스는 넋이 나갈 만큼 당황했다.

'두 여인은 어쩌면 이다지도 다른가. 그리고 내게서 무엇을 원하는 것일까?'

헤라클레스의 의문은 금세 풀렸다.

선이 그에게 말했다.

"우리는 신들이 보내서 왔어요. 당신이 살아가는 길을 선택하는 데 도움을 주기 위해서 온 거랍니다. 그리고 그 선택은 그렇게 어렵지 않아요."

첫 번째, 환희의 여인이 유혹적이고 짙은 미소를 띤 채 그의 손을 잡으며 말했다.

"나를 봐요. 그러면 당신은 즐거운 삶이 어떤 것인지 알게 될 거예요. 당신은 강하고 멋있어요. 만약 당신이 그럴 마음만 있다면 당신 앞의 길은 편안함과 기쁨으로 가득 찰 거예요. 많은 사람들이 당신과 사귀고 싶어 하고 우정을 나누려 들 거예요. 나를 따라와요. 당신에게 매일같이 인생의 즐거움을 맛보게 해 주겠어요. 인생은 짧아요. 자신의 시간을 남들을 위해서 좋은 일만 하느라고 쓸데없이 낭비하지만 않는다면, 인생에는 즐길 게 많이 있어요.

좋은 상대와 즐겁게 지내요, 나의 친구여. 가장 맛있는 음식을 맛보고 가장 좋은 술을 마셔요. 마음껏 자고, 이 세상의 문제들은 다른 자들이 괴로워하라고 놔둬요. 그들은 그렇게 살라고 태어난 거니까요. 당신은 기쁨을 위해 만들어졌어요. 그러니 내가 더 이상 말할 필요가 없겠지요."

'정말로 저 여인이 말한 대로만 살 수 있다면 삶이란 얼마나 멋진 것일까.'

헤라클레스는 이렇게 생각했다. 그래서 그는 또 한 여인의 말은 들을 생각도 하지 않고 첫 번째 여인을 따라가려고 했다.

헤라클레스가 막 떠나려는 순간, 등 뒤에서 또 다른 여인의 목소리가 들려왔다.

"어딜 가는 거예요? 헤라클레스, 제우스의 아들이여!"

명령하는 듯한 분위기, 단호한 목소리 그리고 강요하는 듯한 눈길은 헤라클레스가 하려는 행동이 별로 현명하지 않다는 것을 보여 주었다.

그녀가 계속해서 말했다.

"가장 강하고 용감한 자는 자신의 시간을 게으른 즐거움에 보내는 것보다 훨씬 더 좋은 일에 쓸 수 있어요. 헤라클레스여, 나는 당신에게 편한 길을 약속하지는 못해요. 하지만 보다 올바른 길은 알고 있어요. 고귀하고 좋은 것은 언제나 어렵고, 당신이 가진 의지의 힘과 용기를 필요로 하지요."

그러자 첫 번째 여인이 끼어들었다.

"저 여자의 말을 듣지 말아요. 그녀는 당신에게서 모든 삶의 기쁨을 앗아 가길 원하는 거예요."

그 말에 선의 여인은 악의 여인을 보고 대꾸했다.

"그렇다면 당신이 그를 데리고 가요. 가서 당신이 그에게 줄 수 있는 기쁨으로 즐기게 해 줘요."

선의 여인은 헤라클레스를 보고도 말했다.

"젊은이여, 그렇게 할 수만 있다면 가서 삶의 기쁨을 끝까지 즐겨요. 며칠만 지나면 당신의 친구들은 당신을 지겨워할 거고, 모든 문은 당신의 얼굴 앞에서 닫힐 거예요.

그런 다음 당신은 그렇게 많은 재능을 타고났으면서도 아무것도 한 게 없다는 걸 깨닫게 되겠지요. 자신을 위해서나 다른 사람들을 위해서나 말이죠. 당신의 영혼과 정신은 지금까지의 어떤 인간보다도 강해요.

그렇게 강하고 용감한 인간 앞에 놓인 길은 눈부시지만 힘겨운 것이지요. 그 길은 악과 부당함을 패배시켜 인류를 돕는 길이에요. 왜냐하면 기쁨의 열매는 단순히 쓴맛을 남길 뿐이지만, 자신을 압도하는 것과 맞서서 얻은 승리는 진정한 기쁨을 가져다주기 때문이지요.

자, 앞으로 전진해요, 헤라클레스! 저 악하고 비굴한 자들은 거들떠보지도 말고, 인류를 위해 악에 대항하고, 약한 자들을 도와주고, 세상의 괴물들을 없애는 일에 나서요. 이제 내가 해 줄 수 있는 말은 다 했어요. 그럴 마음이 있다면 나를 따라와요."

헤라클레스는 결심하고 대답했다.

"여신이여, 당신의 도움에 감사합니다. 나는 당신이 내게 보여 준 길을 따르겠소."

그가 말을 마치자마자 순식간에 두 명의 여인은 사라져

버렸다.

이제 헤라클레스는 자신이 무엇을 해야 할지 알았다. 그는 테베를 향해 발길을 재촉했다.

에르기노스의 병사들과 더불어

조금 더 걸어가자 교차로가 나왔다. 거기서 그는 병사 한 무리가 다가오는 것을 보고 멈추어 섰다. 그들은 테베 사람이 아니었다.

헤라클레스는 그들이 가까이 다가오기를 기다렸다가 명령하듯 큰 소리로 물었다.

"당신들은 누구인가? 어디로 가고 있는가?"

그들의 대장이 빈정거렸다.

"언제부터 우리가 테베 사람에게 일일이 보고했던가?"

화가 난 헤라클레스는 활을 들어 올리며 대답했다.

"당신이 서 있는 이 땅은 테베 땅이다. 내 시체를 넘지 않는 한 이곳을 지나갈 수 없다."

"저놈을 잡아라!"

대장은 화가 치밀어 헤라클레스를 향해 소리를 지르며 창을 던졌다.

헤라클레스는 번개처럼 날쌔게 나무 뒤로 몸을 피했다.

창은 그 나무둥치를 흔들고 떨어졌다.

이번엔 헤라클레스가 활시위를 팽팽히 당겨 화살을 쏘았다. 화살은 단 한 번도 목표물을 놓치지 않았다.

전투는 격렬해졌지만 간단히 끝났다.

헤라클레스가 뜻한 대로 침입자들은 모두 부상을 입었다. 마침내 그들은 무릎을 꿇고 그에게 자비를 빌었다.

헤라클라스가 명령했다.

"먼저 너희들이 누구인지 말하라. 그리고 왜 우리 땅에 들어왔는지도!"

부상자들이 대답했다.

"우리는 오르코메노스에서 왔습니다. 우리는 에르기노스 왕이 보낸 군대로, 크레온이 바치기로 한 공물을 받으러 가는 길입니다."

헤라클레스는 그들의 손을 등 뒤로 모아 한꺼번에 묶은 다음 말했다.

"너희 왕에게 돌아가라. 그에게 너희의 꼬락서니를 보이고 이제부터 테베 사람들은 상처와 결박을 공물로 바칠 거라고 전해라!"

헤라클레스는 의기양양하여 테베로 가는 길로 계속 나아갔다. 반면 병사들은 창피스럽게도 한꺼번에 밧줄로 묶인 채 오르코메노스로 갔다.

오르코메노스와의 전쟁

헤라클레스가 테베에 다다라 보니 상황은 좋지 않았다.

이피클레스는 분노로 길길이 날뛰고 있었고, 암피트리온은 근심으로 주름진 얼굴을 하고 있었다.

암피트리온은 헤라클레스에게 말했다.

"헤라클레스여, 들어 보아라. 카드모스 시는 패배하여 수치스럽게 되었다. 테베의 일곱 개 성문은, 어느 모로 보나 우리보다 못한 오르코메노스 앞에 다들 무릎을 꿇었다. 우리의 시민들은 무거운 공물을 떠맡게 되어 가난과 슬픔에 빠지고 말았다. 이제 언제든 우리는 에르기노스의 병사들이 와서 요구하는 모든 것을 내주어야 한다."

"공물은 백성들에게 다시 나눠 주세요. 그리고 에르기노스에 대항해 싸울 준비를 합시다."

그러면서 헤라클레스는 테베로 오는 길에 일어났던 일

을 말해 주었다.

이피클레스가 말했다.

"그러나 무엇을 가지고 싸운단 말인가? 에르기노스가 우리의 무기와 말을 모두 가져가 버렸어. 우리가 다시 무장할 수 없도록 말이야. 게다가 크레온은 왕좌를 지키는 일에만 매달려 있을 뿐인걸."

그러자 헤라클레스가 말했다.

"우리는 무장할 수 있어. 당장에 무장을 해야만 해. 여기로 오는 길에 사원에 들렀는데, 그곳에 신에게 바쳐진 무기들이 가득 차 있는 것을 보았어."

암피트리온이 대답했다.

"그렇다. 사원마다 그런 무기들이 있다. 하지만 그것들은 죽은 자들의 무기와 갑옷이거나 이전에 테베가 승리했던 싸움에서 가져온 전리품이다. 그것들을 가져오는 게 잘하는 일인지 모르겠구나. 우리가 그렇게 하면 아마 신들이 우리에게서 돌아설 것이다."

헤라클레스가 반박했다.

"그렇다면 신들은, 적들이 쳐들어오는데도 맨손으로 앉

아서 당하는 운명을 훌륭하다고 여기겠군요."

이피클레스가 끼어들었다.

"헤라클레스 말이 옳아요, 아버지. 신들도 스스로 무장하지 않는 자들은 도우려 하지 않을 거예요."

암피트리온은 결심했다.

"그래, 너희들의 말이 맞다. 가서 테베 사람들을 일으키자."

며칠 만에 모든 도시는 경계 태세를 갖추었다.

헤라클레스와 이피클레스는 젊은이들을 뽑아서 함께 사원으로 갔다. 그곳에는 활과 검, 창과 방패뿐만 아니라 투구와 갑옷까지 있었다. 그들은 무기를 가져와 나누었다.

비록 몇몇 시민이 신을 모독하는 짓이라고 투덜거렸지만, 아테나 여신은 헤라클레스가 그런 항의를 무시한 채 무기를 실어 나르는 일을 격려했다.

군사 훈련이 즉각 시작되었다. 헤라클레스는 젊은이들이 무기를 잘 다룰 수 있도록 날마다 훈련시켰다.

테베의 왕 크레온은 아직도 누군가 자신의 왕좌를 빼앗

아 가려는 게 아닐까 두려워하고 있었지만, 곧 여기서는 두려워할 게 아무것도 없다는 것을 알게 되었다. 그 용감한 젊은 영웅이 왕족이라는 이름 따위에는 관심도 없다는 것을 알게 되자 그는 헤라클레스가 테베의 새로운 군대의 대장이 된 것을 몹시 기뻐했다.

에르기노스가 이끄는 부대가 테베에 다다랐을 때, 그들은 자기들에게 대항하는 군대를 마주하고 놀랐다. 그러나 테베 시민들이 무장하고 있는 초라한 낡은 무기들을 보자, 쉽게 승리하리라 자신하며 웃음을 터뜨렸다.

하지만 그들은 크게 패배했다. 에르기노스는 헤라클레스 손에 죽었고, 그의 군대는 테베 사람들에 의해 오르코메노스 성벽 바로 밑까지 쫓겨났다.

그러나 전쟁은 이 전투 한 번으로 끝나지 않았다. 적은 아직도 도시 안에 강력한 지원 부대와 위력이 대단한 이륜마차들을 가지고 있는 반면, 테베의 말들은 모두 에르기노스에게 끌려가고 없었기 때문이었다.

그러나 헤라클레스는 이 문제에 대해서도 방법을 찾아냈다.

테베는 케피소스강이 흐르는 넓은 평원을 경계로 하여 오르코메노스와 갈라져 있었다. 이 강은 바다로 직접 흘러가지 않고, 바닷가에 닿기 전에 산맥 지대 밑을 통과하는 우묵 파인 거대한 땅을 통해 지하로 사라졌다.

헤라클레스는 거대한 흙덩어리를 들어다 강물의 지하 출구를 막았다. 그러자 강이 평원 전체로 흘러넘쳐 널따란 코페 호수가 생겨났다. 이 물로 된 장애물을 넘을 수 없었던 적은, 다음 전투를 산악 지대에서 해야만 했다. 위력이 대단한 이륜마차도 그곳에서는 아무런 쓸모가 없었다. 그 결과 테베는 다시 승리했다.

그러나 희생 없이 얻을 수 있는 것은 없었다. 테베의 모든 시민들은 싸움터에서 영웅답게 죽은 암피트리온을 애도해야 했다.

도시는 다시 독립을 얻어 냈다. 공물을 바칠 의무에서 자유로워졌을 뿐만 아니라 오히려 오르코메노스로 하여금 두 배의 공물을 바치게 했다.

크레온은 감사의 표시로 헤라클레스를 자신의 딸인 메가라와 결혼시키고 궁궐의 반을 선물로 주었다. 이피클레스도 자신의 막내딸과 결혼하게 해 주었다.

올림포스의 모든 신들이 헤라클레스와 메가라의 결혼식을 보러 선물을 잔뜩 들고 내려왔다. 물론 헤라는 당연히 빠졌다.

제우스는 이 세상에서 지금까지 만들어진 방패 중에서 가장 튼튼한 방패를 주었다. 아테나의 선물은 황금으로 된 갑옷 가슴 받이였다.

헤파이스토스는 다이아몬드로 표면을 덮은 투구를 선물했고, 아폴론은 황금 활과 황금 화살로 가득 찬 화살통을 선사했다.

헤르메스는 끝을 날카롭게 잘 다듬은 창을, 포세이돈은 바다의 폭풍보다 더 빨리 달리는 말들을 선물했다.

헤라클레스의 미친 행동

메가라와 헤라클레스는 세 명의 자식을 낳았다. 두 사람은 사이좋고 행복한 부부였다.

그러나 헤라클레스가 행복하게 사는 모습이나 영원히 빛날 그의 영광스러운 승리들은 헤라에게 쓰디쓴 시기를 불러일으켰다. 그래서 그녀는 다시 한번 그를 괴롭히기로 마음먹었다.

그러던 어느 날, 헤라클레스가 아이들이 노는 것을 흡족하게 지켜보고 있을 때였다.

사기의 여신 아테가 그의 등 뒤로 조용히 기어올라 왔다.

그녀는 마력이 깃들인 보이지 않는 베일을 그의 눈에 던져 이성을 잃게 만들었다.

헤라클레스의 눈앞은 그 즉시 구름이 낀 것처럼 뿌옇게 흐려졌다. 그의 눈에는 아이들이 아니라 세 마리의 무시무시한 용이 자신을 공격하려고 우뚝 서 있는 모습으로 보였다. 그는 의자든 탁자든 손에 닿는 것들을 닥치는 대로 집어서 용의 머리를 향해 힘껏 던졌다.

아, 이 일을 어찌하랴! 헤라클레스는 자신이 그토록 사랑하던 아이들을 제 손으로 죽인 것이다!

일은 거기서 끝나지 않았다. 그는 악마와 같은 분노에 사로잡혀 궁궐을 마구 휘젓고 다니며 모든 것을 파괴했다. 궁궐 안에 있던 사람들은, 그때까지 세상에서 본 적이 없는 가장 힘이 센 사람이 거칠게 날뛰는 것을 보고 기겁하여 비명을 지르며 문가로 달려갔다.

크레온의 궁전이 돌무더기로 변해 버렸을 때, 아테 여신이 돌아와 그의 눈을 덮고 있는 보이지 않는 마법의 베일을 벗겼다.

그 순간 헤라클레스는 폐허 속에 용이 아닌 자신의 세 아이가 죽은 채 누워 있는 모습을 보아야 했다. 그의 눈은 그 끔찍한 진실을 도무지 믿을 수가 없었다.

어떻게 그토록 사랑하는 자식들을 제 손으로 죽일 수 있었단 말인가? 생각하는 것만으로도 너무 끔찍하여 차마 눈 뜨고 볼 수 없는 그런 일을.

이 소름 끼치는 일이 있은 다음 크레온은 헤라클레스에게 당장 테베를 떠나라고 명령했다. 메가라는 다시는 그를 보지 않겠다는 말을 시종을 통해 전했다.

그러나 그들이 그런 말을 할 필요도 없이, 헤라클레스는 스스로 이미 그곳을 떠나고 있었다.

그는 떠돌아다니다 테스피아이 땅을 찾아들게 되었다.

그곳에서 헤라클레스는 고통스런 목소리로 친구인 테

스피오스 왕에게 자신이 저지른 끔찍한 죄를 모두 이야기했다. 그런 뒤 그는 도움을 구하는 아이처럼 주저앉아 울음을 터뜨렸다.

테스피오스는 헤라클레스를 가엾게 여겨서 그를 손님을 받아들이고 힘닿는 한 모든 일을 해 주면서 그 영웅이 지난 일을 잊을 수 있도록 애썼다.

그러나 아무 소용이 없었다. 어떤 일도 그의 기억에서 그 소름 끼치는 장면을 지워 버릴 수는 없었다.

며칠이 흘러갔다. 그런데 마침 미케네에서 보낸 전령들이 테스피오스를 찾아왔다. 그들은 스테넬로스 왕이 죽었으며, 그의 아들인 에우리스테우스가 왕이 되었다는 소식을 가져왔다. 그들은 또한 자신들의 새 왕이 헤라클레스에게 보내는 편지도 가져왔다.

헤라클레스는 슬픈 생각에 잠긴 채 멍하니 앉아 있었다.

그러다가 자신을 부르는 소리를 듣고 일어나, 편지를 받아 읽어 내려가기 시작했다.

"제우스로부터 모든 그리스 사람에게 명령할 권한을 직

접 부여받은 미케네의 위대한 왕인 짐이, 암피트리온의 아들인 헤라클레스에게 명하노라. 그대는 지금 곧 짐을 위해 봉사하도록 미케네로 와서 열두 가지 위대한 과업을 이루도록 하라. 그리하면 짐과 짐의 왕국에 영광을 가져다 줄 것이니라. 그러므로 스테넬로스 왕의 아들이며 또한 제우스의 아들 페르세우스의 후손이기도 한 에우리스테우스 왕이 이렇게 명령하노라."

편지를 읽고 난 헤라클레스의 마음에 어떻게 해야 할지 갈등이 생겼다.

테스피오스는 에우리스테우스의 웃기는 편지를 읽고, 말도 안 되는 요구라며 가지 말라고 충고했다.

그러나 신들의 의견은 서로 달랐다. 위대한 제우스는 오래전 자기 입으로 한 맹세에 묶여 아무 말도 할 수 없었다.

이제 헤라는 명령을 내려, 그토록 미워하는 알크메네의 아들을 죽일 수 있게 되었다.

그녀는 에우리스테우스같이 비열한 허풍쟁이로 하여금 헤라클레스에게 명령을 내리도록 함으로써 그 영웅을 모욕할 뿐만 아니라 그에게 몰락을 가져올 수도 있었다.

헤라클레스는 자신이 당할 위험은 문제로 여기지 않았다. 모욕은 그가 원하던 것이었다. 그는 모욕을 당함으로써 자식들을 죽인 악마와 같은 자신의 죄를 씻어 내고 싶었기 때문이었다.

그를 망설이게 하는 단 한 가지는 그렇게 존경할 가치도 없고 비열한 인간에게 봉사해야 한다는 점이었다. 그것은 인류에게 선을 행하기보다 오히려 해를 끼치게 되는 건 아닐까?

헤라클레스는 마음의 혼란 속에서 무엇을 해야 할지 신의 말씀을 듣기 위해 델포이로 갔다. 신탁은 이러했다.

"미케네로 가서 에우리스테우스를 위해 일하라. 그는 너에게 열두 가지의 위대한 과업을 이루도록 명령할 것이다. 네가 그것들을 하나도 빠짐없이 다 이루어 낼 때에만 신들은 자식을 죽인 네 죄를 용서받을 것이다."

헤라클레스는 그 신탁을 듣자 구원받은 것만 같았다. 그는 그 길이 반드시 가야만 할 길이라는 것을 깨달았다.

열두 가지 위대한 과업

미케네에서

헤라클레스는 그 길로 이피클레스의 용감한 아들 이올라우스와 함께 미케네를 향해 출발했다.

미케네에 다다르자 그는 혼자 궁궐로 들어가 에우리스테우스 왕을 만나게 해 달라고 요청했다. 문지기들은 그에게 문 앞에서 기다리라고 했다. 아무도 궁궐 안으로 들이지 말라는 명령을 받아 놓았기 때문이다.

에우리스테우스는 자신의 이름과 자기 왕국에 영광을 가져다줄 인물이 어떤 모습인지 보기 위해 궁궐 문 앞으로 나왔다.

그러나 그는 헤라클레스의 엄청나게 큰 체격과 험상궂은 모습을 보자마자 너무 놀라서 비명을 지르며 허겁지겁 궁궐로 돌아가 버렸다.

이 '위대한 미케네의 왕'은 키가 헤라클레스의 반밖에 되지 않았다. 그리고 보기 흉한 용모와 말라빠진 체격에 창백한 얼굴을 하고 있는 데다 제 그림자도 무서워하는 겁쟁이였다.

"얼른 가서 궁궐 문을 닫아라. 헤라클레스를 절대 안으로 못 들어오게 해. 만약에 나한테 무슨 일이 생기게 하면 한 놈도 가만두지 않겠다!"

에우리스테우스는 소리를 꽥꽥 질러 대며 호들갑을 떨었다.

그는 방으로 들어가 문을 꼭꼭 걸어 잠갔다. 그러고는 놀란 마음을 달래느라 침대 위에 몸을 동그랗게 웅크리고 누운 채, 과연 어떻게 하면 저 무서운 남자를 처치할 수 있을지 머리를 굴렸다.

마침내 그는 또다시 이렇게 놀라지 않으려면 한 가지

방법밖에 없다는 결론에 이르렀다. 그 영웅에게 결코 살아남을 수 없는 대단히 어려운 일을 시켜서, 그가 다시는

자신의 궁궐 문에 그림자를 드리우지 못하게 해야 한다. 그렇다면 무슨 일이 좋을까?

에우리스테우스는 몇 시간이고 머리를 쥐어짰지만 너무 지치고 낙담하여 곯아떨어지고 말았다.

에우리스테우스가 잠에 빠져 있을 동안 꿈의 신은 헤라의 명령을 받아 그의 마음에 헤라클레스를 어디로 보내야 할지 결정하는 데 도움이 될 만한 여러 가지 모습을 불어넣어 주었다.

첫 번째 과업/네메아의 사자

그 당시 네메아의 숲속에는 크고 사나운 사자가 한 마리 살고 있었다. 그 사자는 열 마리 사자의 힘을 가지고 있었고, 가죽이 어찌나 질긴지 활이나 창, 심지어는 아주 날카로운 칼로도 뚫을 수 없었다.

그 사자는 불을 뿜는 거인 티폰의 자식으로 제우스와 직접 맞붙어 싸우기도 했고, 자기를 낳은 '에키드나'라는 괴물 못지않게 무서운 괴물이었다.

사자의 형제와 누이로는 신들조차 맞서 싸우기를 두려

워하는 레르네의 물뱀 히드라와 머리 셋 달린 개 케르베로스, 불을 뿜는 괴물 키마이라, 수수께끼를 내고 사람을 잡아먹는 스핑크스 같은 소름 끼치는 괴물들이 있었다.

에우리스테우스는 꿈속에서 이 괴물 사자를 보고 비명을 질렀다. 그 소리가 어찌나 컸던지 온 궁궐 사람들은 왕에게 무슨 일이 일어난 줄 알고 우르르 달려갔다.

그러나 그게 꿈이었다는 것을 깨닫자마자 에우리스테우스는 금세 음흉한 미소를 지었다.

이제 그는 헤라클레스가 다시는 자기 앞에 나타나지 않게 하려면 어디로 보내야 하는지 깨닫게 된 것이다.

에우리스테우스는 화를 내는 듯한 쉰 목소리로 당장 전령 코프레우스(그리스어로 '똥'이라는 뜻이다.)를 불렀다. 헤라클레스를 직접 부르는 일 따위는 절대 하지 않았다. 그는 왕이라기보다는 잔소리 심한 노파처럼 안달하면서 점점 더 큰 소리로 전령을 불러 댔다.

마침내 코프레우스가 나타나자 에우리스테우스는 그에게 곧장 헤라클레스에게 가서 '위대한 미케네 왕'의 명령을 전달하라고 시켰다. 그것은 물론 네메아의 사자를 잡아 죽이라는 것이었다.

코프레우스는 주인의 명령을 조금도 지체하지 않고 전했다. 그런 영웅에게 명령을 전달하는 것은 보통 영광스러운 일이 아니었기 때문이다.

헤라클레스는 이 명령을 듣고, 전에도 맞붙어 싸운 적이 있던 보통의 사자로 여기고 쉽게 죽일 수 있으리라 생각했다. 그는 키타이론의 사자를 잡을 때 썼던 곤봉을 들고 어깨 위에 활과 화살통을 메고, 네메아를 향해 떠났다.

몰로르코스

가는 길에 그는 '몰로르코스'라는 가난한 사람을 만났다. 그는 자신의 오두막 밖에 서서 신에게 제물을 바치려고 준비하고 있었다. 헤라클레스는 인사를 한 다음, 누구에게 바치는 제물인지 물었다.

몰로르코스가 대답했다.

"우리의 보호자인 제우스 신에게 바치는 것입니다. 네메아의 사자를 우리 집에서 멀리 떨어져 있게 해 주셔서 감사드리려는 것이지요."

그러자 헤라클레스가 말했다.

"그렇다면 아직 제물을 바치지 마시오. 나는 에우리스테우스로부터 그 짐승을 찾아 내 처치하라는 명령을 받았소. 나는 전에도 사자를 잡은 적이 있으니 겁날 게 없소. 만약 내가 30일 이내에 돌아오지 않으면 그때 당신의 제물을 알크메네의 아들 헤라클레스의 영혼을 기념하여 바쳐 주오. 그러나 내가 돌아온다면, 나는 그러리라 믿소만, 그때 우리는 함께 전능한 제우스를 명예롭게 찬양할 수 있을 것이오."

그러자 몰로르코스가 소리쳤다.

"헤라클레스여, 알크메네의 아들이여, 목숨을 그렇게 헛되이 던지다니 안 됩니다! 당신은 지금 당신이 싸우려는 사자가 어떤 종류의 사자인지 모르고 있는 거요. 그 짐승이 사자가 낳은 것이라면, 당신이 충분히 죽이고도 남을 것이오. 그러나 그것은 괴물의 자손이오. 괴물도 보통 괴물이어야지! 그것은 티폰과 에키드나 사이에서 나온 자식이오. 이 괴물을 죽일 수는 없소. 설사 올림포스의 모든 신이 당신 편이라 할지라도 당신은 살아서 돌아오지 못할 것이오.

우리는 몇 년 동안이나 그놈을 두려워하며 보냈소. 우리의 양 떼는 수도 없이 잡아먹혔고 들판은 황무지가 되었지요. 그 괴물에게 맞설 만큼 용감했던 사람들 중에서 단 한 사람도 그 이야기를 살아서는 다시 하지 못했소."

이제야 헤라클레스는 에우리스테우스가 왜 자신에게 이 일을 시켰는지 깨달았다. 그렇다고 해서 그의 결심이 흔들리지는 않았다. 헤라클레스는 단호한 목소리로 말했다.

"나는 그 사자를 찾으러 갈 것이오. 사자를 죽이든 아니면 내가 죽든 반드시 해야 할 일이라오. 안녕히 계시오. 그리고 우리가 다시 만나지 못한다면, 내가 말한 대로 해 주시오."

이 말과 함께 그는 산을 향해 주먹을 들어 가리켰다.

몰로르코스는 헤라클레스의 단호한 용기에 존경심이 들었다. 그러나 그가 기어코 가는 것을 지켜보면서 그를 붙잡아 앉히지 못한 자신을 탓했다.

헤라클레스는 내내 주위를 두리번거리며 걸어갔다. 그

의 눈에 드디어 옹이가 진 쇠처럼 단단하고 굵은 둥치의 야생 올리브나무가 들어왔다.

그는 올리브나무를 땅에서 뿌리째 뽑아냈다. 그리고 원래 가지고 다니던 것보다 훨씬 더 커다랗고 무거운 새 곤봉을 만들었다. 그러고는 새 무기를 어깨에 걸친 채 가던 길을 계속 갔다.

헤라클레스는 사자를 기다리느라 며칠 밤낮 동안 길목을 지키고 서 있기도 했다. 그야말로 젖 먹던 힘까지 다 짜내서 버티는 일이었다. 그런 다음 그는 조용한 장소를 찾아내어 쓰러지자마자 곯아떨어졌다. 그때 헤라클레스는 열흘 밤낮 동안 잠을 잤다고 한다.

잠에서 깨어나니 힘이 샘솟았다. 헤라클레스는 벌떡 일어나 샘에서 얼굴을 씻고, 새로운 마음으로 사자를 찾아 떠났다.

그렇게 수많은 날들을 떠돈 다음이었다.

살아 있는 동물이라곤 하나도 보이지 않는 곳에서 그는 마침내 네메아의 사자 발자국을 발견했다. 거대한 발자국은 땅바닥에 깊숙이 박혀 있었다. 그 발자국만 보아도 얼마나 무겁고 커다란 괴물 같은 짐승인지 잘 알 수 있었다.

헤라클레스는 그 자취를 따라갔다. 하지만 오래된 발자국은 새것과 함께 뒤섞여 있어서, 그는 어느 것을 택해야 할지 결정하느라 애를 먹었다.

헤라클레스는 며칠이고 걸어서 산을 헤매고, 산골짜기를 기어올랐다. 숲에서 길을 잃기도 했다.

그러던 어느 날, 그는 무심코 바위를 돌아 걸어 나가다 저 앞에 사자가 있는 것을 보게 되었다.

그 짐승은 눈을 의심할 만큼 커다란 사자였다. 무성한 갈기털과 불을 피운 것처럼 이글거리는 사나운 눈을 가진 야수!

헤라클레스는 덤불 뒤로 눈에 띄지 않게 기어가서 화살통을 내려놓고 사자의 이마를 겨누었다. 화살은 분명 사자의 눈 사이에 맞았다.

하지만 사자는 벌레한테라도 물린 양 그저 머리를 이리저리 흔들더니, 앞발로 화살에 맞은 자리를 슥슥 긁었을 뿐이었다.

헤라클레스는 두 배로 힘주어 두 번째 활을 쏘았다. 화살은 사자의 목덜미에 맞았다. 그러나 화살은 돌에 부딪친 것처럼 다시 튕겨 나왔고, 사자는 귀찮다는 듯 어깨를 수그린 채 바위 뒤로 사라져 버렸다.

네메아산에서

헤라클레스는 얼른 그 뒤를 쫓아갔지만, 사자가 있던 곳에 다다라 보니 어디에도 사자의 그림자조차 보이지 않았다.

헤라클레스는 당황하여 주위를 훑어보다가 동굴로 들어가는 입구를 찾아냈다. 굴 입구에 나 있는 사자 발자국을 보고, 그는 그곳이 사자의 굴임을 알았다.

그는 큰 바위 뒤에 몸을 숨기고 앉아서 기다렸다.

그러나 밤이 되어도 사자는 여전히 동굴 밖으로 나오지 않았다.

"아침엔 분명히 나오겠지."

헤라클레스는 이렇게 중얼거리면서 새벽하늘이 밝아 올 때까지 끈질기게 곤봉을 든 채 서 있었다. 그러나 태양이 하늘 한가운데로 높이 치솟아도 사자는 동굴 밖으로 나올 기색이라곤 없었다.

  그때 갑자기 제우스의 천둥 소리보다도 더 쩌렁쩌렁한 무서운 울부짖음이 들려왔다. 그 울부짖음은 산과 골짜기 사이로 메아리쳐 나갔다.

  헤라클레스는 그쪽 방향으로 몸을 돌렸다. 한참을 본 뒤에야 그는 건너편 산에서 점이 찍힌 것처럼 작게 보이는 사자를 발견하게 되었다.

  '어떻게 내 눈에 띄지 않고 이 굴을 빠져나갔을까?'

  헤라클레스는 의아하게 생각했다.

  '아무리 한밤중이었어도 내 눈에 띄었을 텐데……. 아니면 적어도 기척을 듣기라도 했을 것 아닌가? 아마 나도 모르게 깜빡 잠이 들었던 모양이다. 이제 저 맹수가 돌아올 때까지 여기서 꼼짝 않고 기다려야겠다. 저쪽으로 따라가기엔 길이 너무 멀고 험난하다. 게다가 내가 도착하기도 전에 저놈은 또 사라져 버릴 테니.'

  헤라클레스는 그 자리에서 사흘 밤 사흘 낮 동안 꼬박 지키고 서 있었다. 아무리 기다려도 사자는 굴로 돌아오지 않았다.

그는 마침내 희망을 잃었다. 다시 언덕과 계곡을 쏘다니며 사자의 자취를 찾아 나설 수밖에 없었다.

그런데 그때였다. 갑자기 그의 등 뒤로 무슨 소리가 들려왔다. 뒤를 돌아 보니 사자가 동굴에서 나오는 게 보였다.

'무언가 좀 이상하구나. 나는 여기 서서 저놈이 굴로 돌아오기를 내내 기다렸다. 그런데 저놈은 지금 굴속에서 나오고 있지 않은가!'

헤라클레스는 생각했다.

비로소 그는 동굴 안에 또 다른 입구가 있다는 것을 깨달았다.

헤라클레스가 이런 생각을 하고 있는 동안, 사자는 구부러진 회초리처럼 등을 구부리더니 갑자기 힘을 빼고 허공으로 몇 번 커다랗게 뛰어오르더니 눈앞에서 사라졌다.

헤라클레스는 사자를 다시 놓쳤지만 당황하지 않았다. 그는 동굴의 또 다른 입구를 찾아서 똑바로 나아갔다. 입구가 나타나자 사람의 힘으론 도저히 들 수 없을 것 같은 거대한 바위들로 그쪽 입구를 막아 버렸다. 그런 다음 그는 원래 입구로 되돌아와 다시 기다렸다.

어스름이 깔릴 무렵, 갑자기 무서운 고함 소리가 들려왔다. 그 소리는 두세 번 이어졌는데 아득히 멀리서 들려왔다. 사자가 동굴의 저쪽 입구로 갔다가 그곳이 막혀 있는 걸 보고 화가 나서 울부짖는 것이었다.

사자가 원래 입구로 되돌아왔을 때는 벌써 밤이 깊어 있었다. 헤라클레스는 한밤중에 괴물과 맞붙는 건 어리석은 짓이란 것을 잘 알았다. 그래서 그는 사자가 아무 일 없이 동굴로 들어가도록 내버려 두고 숨어서 날이 밝기를 기다렸다.

태양이 떠오르자 헤라클레스는 사자와 굴속에서 싸울 수 있는지 살펴보려고 입구 쪽으로 다가갔다. 그러나 동굴 천장이 너무 낮아서 곤봉을 힘주어 내리칠 수가 없었다.

그런데도 헤라클레스는 무슨 소리라도 들을 수 있을까 싶어서 조금씩 안으로 들어가 보았다. 저쪽 멀리에서 희미하지만 무시무시한 울부짖음 소리가 들려왔고, 그 사이로 무엇인가를 갈아 대는 소리, 쿵 하고 떨어지는 소리가 섞여 들려왔다.

사자가 지금 저쪽 입구를 막아 놓은 바위들을 깨부수려고 애쓰는 중이란 걸 알 수 있었다. 그 소리를 듣자 헤라클레스는 동굴을 빠져나와 빙 둘러 달려가 반대쪽 입구 앞으로 갔다.

헤라클레스가 쌓아 놓은 거대한 바위들 중 하나가 부서져 떨어져 나갔다.

그러자 헤라클레스는 얼른 마른 나뭇가지들을 긁어 모아 불을 붙여 뚫린 틈새로 집어넣었다. 마침 바람도 그쪽으로 불고 있어 연기가 동굴 안으로 퍼져 들어갔다.

헤라클레스는 재빨리 원래 입구로 달려갔다. 그는 바위 뒤에 숨은 채 이제는 사자가 분명히 나올 거라고 생각하며 기다렸다. 예상대로 사자는 부리나케 달려 나왔다. 사자는 연기 때문에 눈이 붉어졌고 몹시 고통스러워 보였다.

하지만 아직도 사자는 만만치 않은 적수였다. 사자는 의심스러운 눈초리로 주위를 둘러보았다.

적의 존재를 느낀 것이다. 사자는 입을 커다랗게 벌리

고 날카로운 이빨을 드러낸 채 다시 쩌렁쩌렁 큰 소리로 울부짖었다. 사자는 화가 나서 꼬리를 탁탁 치며 앞발로 땅을 긁어 댔다. 그 힘이 어찌나 센지 땅이 다 흔들렸다.

하지만 그 괴물이 아무리 무시무시해 보일지라도 헤라클레스는 조금도 기가 꺾이지 않았다. 그는 머리 위로 곤봉을 높이 쳐든 채 바위 뒤에서 갑자기 뛰쳐나왔다. 그런 다음 사자 앞에 딱 멈춘 채 바위라도 부서뜨릴 수 있는 힘으로 사자의 머리를 내리쳤다.

 그러나 사자의 머리는 뼈 한 조각 부서지지 않았다. 그러기는커녕 오히려 쇠처럼 단단한 올리브나무 곤봉이 아래쪽에서 위쪽으로 쫙 갈라졌다.
 두 상대 사이에서 뿜어져 나오는 힘은 너무도 막강했다!
 헤라클레스가 친 게 꼭 헛된 것만은 아니었다. 지금껏 패배해 본 적이 없는 네메아의 사자가 비틀거리기 시작했다. 그러자 헤라클레스는 곤봉을 집어던지고, 악마 같은 손아귀의 힘으로 맹수의 목을 쥐고 머리를 눌렀다. 사자는 그를 물 수도 없었고 발톱으로 할퀼 수도 없었다.

이제 네메아 사자의 운명은 정해졌다. 사자는 헤라클레스에게서 벗어나려고 몸부림쳤지만 헛일이었다. 헤라클레스는 엄청난 근육의 힘으로 사자의 목을 더욱 세게 졸랐다.

마침내 숨이 막혀 버린 사자의 검은 영혼은 하데스가 다스리는 어두운 땅 밑 나라로 가 버렸다.

헤라클레스는 땀으로 범벅이 된 채 일어났다. 온몸에 힘이 하나도 남아 있지 않았지만 기분은 후련했다. 그는 네메아의 사자를 죽인 것이다. 첫 번째 과업이 달성되었다.

이제 남은 것은 사자의 몸뚱이를 미케네로 가져가서 에우리스테우스의 궁전 뜰에 던져 놓는 일이었다. 그는 사자를 어깨에 메어 보았다. 하지만 무게가 엄청났다. 게다가 미케네까지 가는 길은 멀고 힘들었다.

헤라클레스에겐 다른 선택의 여지가 없었다. 그는 짐승의 가죽을 벗겨 가기로 마음먹었다. 에우리스테우스에게는 가죽을 넘겨야 했다.

하지만 가죽을 벗겨 낼 날카로운 칼이 없으니 무슨 수로 가죽을 벗긴단 말인가?

그때 헤라클레스의 눈에 사자의 발톱이 들어왔다. 그는 사자의 발에서 발톱들을 뽑아 손쉽게 가죽을 벗겨 냈다. 그는 그 가죽을 옷처럼 걸쳐 입고 미케네로 떠났다.

제우스에게 바친 제물

한편 또 다른 먼 곳에서는 무거운 나뭇단을 진 한 남자가 슬픈 얼굴로 몸을 구부린 채 천천히 숲길을 걸어오고 있었다.

길이 끝나는 곳에 작은 오두막이 있었다. 그는 거기서 멈추고는 나뭇단을 마당에 내려놓고 깊은 한숨을 쉬었다. 그는 몰로르코스였다.

몰로르코스는 내일 아침이면 헤라클레스를 위한 장례 제물을 바쳐야 하기 때문에 나무를 해 온 것이다. 한 달이 지났는데도 헤라클레스가 돌아오지 않았다.

이윽고 밤이 되었다. 몰로르코스는 오두막으로 들어가

수프를 데워 먹기 위해 불을 붙였다. 그가 막 불 위에 냄비를 올려놓았을 때 현관문이 갑자기 어두워졌다. 고개를 돌려 바라보니, 맹수의 가죽을 뒤집어쓴 집채만 한 남자가 서 있었다.

너무도 야만스러워 보이는 차림새 때문에 몰로르코스는 두려움에 떨었다.

그러나 나그네는 공손하게 저녁 인사를 건네 몰로르코스를 금세 안심시켜 주었다. 몰로르코스는 낯선 손님에게 앉으라고 한 뒤 함께 저녁이나 먹고 가라고 권했다.

낯선 손님은 앉자마자 몰로르코스에게 물었다.

"네메아의 사자가 죽었다는 소식을 들었나요? 지금 그 괴물의 영혼은 지하 세계에서 방황하고 있겠지요. 이제 우리는 다시 평화롭게 양 떼를 돌볼 수 있게 된 겁니다."

그러나 몰로르코스는 기뻐하는 대신 깊은 한숨을 쉬었다. 손님이 놀라서 물었다.

"당신은 이 소식이 기쁘지 않은가요?"

몰로르코스가 대답했다.

"네, 기쁘지 않습니다. 우선 나는 당신이 말하는 게 사실인지 아닌지도 알지 못해요. 하지만 내가 확실히 알고 있는 건 헤라클레스가 죽었다는 것입니다. 밖에 나무를 잔뜩 해다 놓은 것도 그래서입니다. 내일 아침에 그의 장례 제사에 쓸 것입니다."

"내일 아침에 우리는 우리의 보호자 제우스에게 제물을 바칩시다. 자, 불을 가져와서 나를 가까이 비춰 봐요, 나의 친구여."

그 순간 몰로르코스는 그 방문객이 누구인지 알아차렸다. 그는 불붙은 나뭇가지를 하나 집어 들어 그 남자의 얼굴에 비추었다. 정말로 자기 앞에 앉아 있는 사람은 헤라클레스였다. 게다가 그 영웅은 네메아의 사자 가죽을 걸쳐 입고 있었다.

몰로르코스는 말을 잃은 채 헤라클레스의 뺨에 입맞춤을 퍼부었다. 그의 얼굴에는 기쁨의 눈물이 줄줄 흘러내렸다.

그런 다음 몰로르코스는 수프를 통째로 가져와 헤라클레스 앞에 놓고 말했다.

"나는 배고프지 않아요. 벌써 먹었습니다."

그러나 헤라클레스는 이 말에 속지 않았다.

"다른 그릇을 하나 가져다주시오."

이 소박한 친구가 그릇을 가져다주자 헤라클레스는 수프의 반을 거기에 부어 주었다.

그들이 식사를 마친 뒤에도 가난한 오두막의 불은 꺼질 줄 몰랐다. 몰로르코스는 숨을 죽이고 앉아서 헤라클레스가 들려주는 믿기지 않는 놀라운 무용담을 듣고 있었다.

다음 날 아침 그들은 일찍 일어나 전능한 제우스 신에게 함께 제물을 바쳤다. 그런 다음 헤라클레스는 몰로르코스에게 작별 인사를 하고 다시 미케네를 향해 떠났다.

헤라클레스는 머리부터 발끝까지 네메아의 사자 껍질을 뒤집어쓰고 궁궐 앞에 나타났다. 에우리스테우스는 그를 보자 피가 얼어붙는 것만 같았다. 헤라클레스를 처음 봤을 때의 두려움은 댈 것도 아니었다. 그는 숨이 막힐 듯이 놀라 이 '야만적인 사나이'의 눈앞에서 멀어지기 위해 자기 방으로 도망쳤다. 하지만 더욱 무서운 충격이 거기서 그를 기다리고 있었다.

에우리스테우스가 가까스로 방에서 숨을 돌리고 있는

데, 문이 벌컥 열리더니 두 명의 병사가 그에게 보여 준 답시고 네메아의 사자 가죽을 넓게 펼쳐 들고 들어온 것이다.

"헤라클레스가 폐하께 이것을 드리라고 했습니다."

그들이 말을 마치기도 전에 에우리스테우스는 기절하여 바닥으로 쓰러지고 말았다!

에우리스테우스가 정신을 차리고 보니 침대 위였다. 그가 뒤척이다 잠이 들자 헤라가 다시 그의 두 번째 꿈에 나타나 헤라클레스에게 시켜야 할 일을 말해 주었다. 이번 일은 반드시 그를 돌아오지 못하게 할 게 분명했다.

에우리스테우스는 일어나자마자 전령 코프레우스를 불렀다. 왕은 전령에게 곧장 헤라클레스에게로 가서 레르네의 물뱀 히드라를 죽이고 오라는 명령을 전하라고 말했다.

코프레우스가 막 떠나려 할 때 그는 그 뒤에 대고 소리쳤다.

"가는 길에 이 저주받을 사자 가죽을, 그 꼴도 보기 싫은 사냥꾼한테 도로 갖다줘 버려라!"

그리고 그는 이번에야말로 다시는 헤라클레스를 보지 않게 되리라고 굳게 믿으며 중얼거렸다.

"그는 네메아의 사자를 죽였다. 하지만 내가 지금 보내는 곳에서는 결코 살아서는 돌아오지 못할 게다!"

두 번째 과업/레르네의 물뱀 히드라

레르네의 물뱀 히드라는 죽은 사자의 누이였다. 독을 뿜는 흉측스러운 이 괴물은 레르네의 늪에서 살면서 주변의 살아 있는 모든 것을 죽여 일대를 파괴시켰다. 어느 누구도 히드라를 인간의 손으로 해치울 날이 오리라고는 감히 바라지도 못했다.

히드라는 머리가 아홉 개나 되었고, 그중 하나는 결코 죽지 않는 머리였기 때문이다.

그리고 설사 누군가 히드라를 죽이려고 시도하더라도 괴물은 늪 깊숙이 있는 동굴로 사라져 버리니 그곳으로는 아무도 접근할 수 없었다. 게다가 히드라는 물과 갈대 속에 숨어 있다 갑자기 나타나서 덤벼들었으므로 싸워 이길 수 없었다. 그랬으니 히드라를 찾으러 갈 만큼 무모하기

짝이 없는 영웅이 과연 있었겠는가. 헤라클레스는 레르네 늪으로 조카인 이올라우스와 함께 이륜마차를 타고 갔다. 이올라우스는 용감한 젊은이였으며 이륜마차의 훌륭한 마부였다. 보통 때처럼 헤라클라스는 곤봉과 칼, 활로 무장했다. 그러나 이번에는 네메아의 사자 가죽을 걸쳐 입었다는 점이 달랐다.

그는 이올라우스에게 말했다.

"에우리스테우스는 얼마나 바보 같은가. 그는 나를 무서워하고 나를 죽이고 싶어 한다. 그러면서 나한테 이 사자 가죽을 준 것이다. 이것이야말로 어떤 무기도 뚫을 수 없는 갑옷인 것을! 이것은 히드라의 독니도 막아 낼 수 있는 무기다. 게다가 그로선 내게 이 가죽을 선물로 주었으니 돌려달라고 할 수 없을 것이다."

늪에 가까이 다가가자 헤라클레스는 이륜마차에서 혼자만 내렸다. 이올라우스에게는 말과 함께 기다리고 있으라고 말했다.

"나 혼자 히드라를 찾으러 가겠다."

레르네의 늪에서

"나도 갈래요."

이올라우스가 간절히 부탁했다.

"안 돼. 나는 혼자 가서 히드라를 죽여야만 해. 에우리스테우스가 그렇게 정해 놓았지. 그는 나를 죽이려고 여기로 보냈다. 하지만 나는 그가 만들어 놓은 규칙대로 따라야만 한다."

헤라클레스는 이렇게 말하고는 히드라를 찾아 나섰다. 그는 매우 조심스럽게 움직였다. 어느 순간에 괴물이 불쑥 솟아 나올지 몰랐기 때문이었다. 한 걸음 한 걸음씩 내딛을 때마다 그는 도망칠 수 없는 늪의 손아귀에 움켜잡혀 가라앉아 버릴 수도 있었다.

마침내 헤라클레스는 멀리서 히드라의 소굴을 찾아냈다. 소굴은 샘 가까이에 있었는데, 전혀 다가갈 수 없는 곳이었다. 그러나 갈대 숲 안에서는 무엇인가 흔들리는 게 보였다. 헤라클레스는 그곳에 괴물이 있다는 것을 확신했다. 문제는 어떻게 숨어 있는 히드라를 꾀어내어 단단한 땅으로 끌어내느냐 하는 것이었다.

그러나 헤라클레스에게 풀 수 없는 문제는 없었다. 그는 잠시 서서 생각에 잠겼다. 그러고는 마른 나뭇가지들을 모아 불을 붙인 다음 화살촉을 불꽃 속에 넣었다. 그는 불붙은 화살을 히드라의 동굴 주변 덤불을 향해 쏘아 불을 질렀다.

불길이 치솟자 사나운 히드라는 자신의 소굴에서 쉭쉭거리며 밖으로 나왔다. 그러나 히드라가 가는 곳마다 헤라클레스의 불타는 화살에 맞은 갈대가 불기둥처럼 치솟고 있었다.

이제 히드라가 도망갈 곳은 달리 없었다. 적이 버티고 서 있는 단단한 땅으로 가야 했다. 괴물은 조금도 망설이지 않았다. 히드라의 송곳니에서는 세상에서 가장 지독한 독이 뿜어져 나왔기 때문에 그깟 적은 한 번만 물면 죽어 나동그라질 것이었다.

화가 나서 사나워진 히드라는 무시무시하게 쉭쉭거리며, 물을 지나 헤라클레스가 서 있는 곳으로 재빨리 다가왔다. 히드라는 둑을 기어오르자마자 헤라클레스에게 덤벼들었다.

그러나 헤라클레스는 이미 사자 가죽을 뒤집어쓰고 만반의 준비를 하고 있었다. 그는 날카로운 칼을 내리쳐서 히드라의 머리를 하나씩 잘라 내기 시작했다.

그러나 이상하게 아무리 잘라 내도 소용이 없었다.

사자 가죽을 물어뜯는 히드라의 이빨도 부서졌다. 그러나 그 시절의 모든 괴물은 한결같이 어리석었다. 히드라는 자기가 이빨을 박고 있는 게 헤라클레스가 아니라 바로 자기의 죽은 형제인 네메아의 사자라는 사실을 알아차리지 못했다.

헤라클레스에게도 일이 쉬운 것은 아니었다. 그는 놀랍게도 괴물의 머리를 거의 다 잘라 냈는데, 오히려 이전보다 더 많은 머리가 솟아나는 광경을 보게 되었다. 살펴보니 머리 하나가 떨어질 때마다 새로운 머리가 두 개씩 돋아났다.

괴물들은 입을 쫙 벌리고 독니로 위협했다. 다행히 괴물의 이빨은 그에게 위험하지 않았다.

히드라는 사자 가죽을 물 때마다 이빨이 부서지는 바람에 몹시 지쳐 있었다. 그러나 괴물의 머리는 헤라클레스가 열심히 잘라 낼수록 더 빨리 자라났다. 거기다 설상가상으로 히드라가 마침내 꼬리를 헤라클레스의 다리에 감

는 데 성공해서 그를 쓰러뜨리려고 하는 것이었다.

그러나 제우스의 아들을 쓰러뜨리는 것보다 오래된 참나무를 뿌리째 뽑는 일이 더 쉬웠다.

일은 복잡하게 꼬였다. 그는 칼만으로 히드라를 처치할 수 없다는 것을 깨달았다.

헤라클레스가 이 문제를 풀려고 궁리를 짜내고 있을 동안, 그는 무엇인가가 자신의 발을 날카롭게 무는 것을 느꼈다. 그는 놀라서 아래를 내려다보았다. 히드라의 독이 생각났기 때문이었다.

그러나 아래를 내려다본 헤라클레스는 안도의 한숨을 내쉬었다. 그것은 단지 한 마리의 게일 뿐이었다. 매우 큰 이 게는 사실 히드라가 더 이상 물지 못한다는 사실을 알고, 히드라를 도우라고 헤라가 보낸 것이었다.

그러나 헤라클레스는 칼을 들어 단번에 껍질을 내리쳐 게를 죽였다.

헤라는 낙담하여 게를 집어 하늘에 올려놓았다. 밤하늘에 빛나는 게자리는 그렇게 해서 생겨났다.

헤라는 헤라클레스를 해치기 위해 게를 보냈지만, 결과

적으로 이 일은 오히려 그에게 도움이 되었다. 현명한 헤라클레스는 게가 히드라를 돕는 것을 보고 자신에게도 도움을 청할 사람이 있다는 것을 깨달았기 때문이다.

그는 이올라우스를 불러 자기가 히드라의 머리를 자를 때마다, 괴물의 피 흐르는 잘린 목 뿌리를 불타는 나뭇가지로 지지라고 시켰다.

이올라우스는 재빨리 달려들어 헤라클레스의 지시대로 했다. 그렇게 하여 두 배로 돋아나 자라던 새로운 머리는 더 이상 생기지 않게 되었다.

마침내 헤라클레스는 히드라의 모든 머리를 하나씩 다 잘라 내고 죽지 않는 머리 하나만을 남겨 놓게 되었다. 그는 칼을 치켜들고 자신이 가지고 있는 온 힘을 다 짜내어 마지막 일격을 가했다. 그러자 그 무시무시한 괴물의 머리는 쿵 하고 땅으로 떨어졌다.

헤라클레스는 이올라우스의 도움을 받아 깊은 웅덩이를 파고 그 머리를 던져 넣었다. 그것은 아직도 사납게 쉭쉭거리며 날카로운 이빨들을 드러내고 있었다.

그들은 웅덩이를 돌로 다 채운 다음, 그 위에 아무도 움직일 수 없는 거대한 바위를 눌러 놓았다. 몸에서 떨어진 머리라 할지라도 아직은 대단히 위험했다.

  마침내 그가 무적의 괴물을 처치했다.

  헤라클레스는 깊은 안도의 한숨을 쉬었다. 이제는 그곳에 사는 사람들도 날마다 안전하게 일할 수 있게 되었다.

  그는 두 번째 과업에서도 좋은 무기를 얻었다. 죽은 히드라의 껍질을 벗기고 화살촉마다 그 독을 묻혔다. 앞으로 헤라가 어떤 일을 시킬지라도 맞설 수 있게 무장한 것이다.

  불쌍한 에우리스테우스는 한 번 더 영웅을 해치는 일에 실패했을 뿐만 아니라 자기도 모르게 그를 도와준 셈이 되었다.

  이제 헤라클레스는 지금껏 어떤 사람에게도 알려지지 않았던 가장 치명적인 무기, 히드라의 독을 묻힌 화살들을 가지게 되었다.

  마지막으로 헤라클레스와 이올라우스는 땅바닥에 여기저기 흩어져 있는 괴물의 머리들을 모아서 자루에 채워 넣고 미케네를 향해 출발했다.

그들이 궁궐에 도착하자, 에우리스테우스만이 아니라 다른 모든 사람도 그들을 보려고 하지 않았다.

에우리스테우스는 온 도시가 울리도록 큰 소리로 외쳤다.

"저놈들이 나를 독살하려고 한다, 나쁜 놈들! 당장 여기서 꺼져 그 괴물들부터 묻어 버리지 못하겠나? 아주 멀찌감치 뚝 떨어진 곳에 묻어 버려. 이건 명령이다!"

흥분과 두려움이 가시자 에우리스테우스는 깊은 우울에 잠겼다. 이제 어떤 과업도, 아무리 불가능해 보이는 힘든 과업도 헤라클레스를 파멸시킬 수 없다는 게 명백해진 것이다.

세 번째 과업/스팀팔로스의 새 떼

스팀팔로스 호수에는 끔찍한 육식 새들이 살며 그 주변을 모두 황폐화시키고 있었다. 새들은 날개가 청동으로 되어 있었고, 부리와 발톱은 쇠로 되어 있었다. 또한 새들의 몸집은 거대했고 피에 굶주려 있었다.

어떠한 인간도 어떠한 짐승도 스팀팔로스 호수에는 다

가갈 수 없었다. 그 새들은 무엇이든 기척만 있으면 보자마자 달려들어, 날카롭고 무거운 청동 깃털을 화살처럼 퍼부어 댔다.

그래서 상처 입은 희생자들이 물에 뛰어들면 새들은 달려들어 얼른 먹어 치웠다.

스팀팔로스의 새들은 그렇게 끔찍했다. 에우리스테우스는 다시 한번 헤라의 뜻에 따라 헤라클레스에게 그 새들을 해치우고 오라는 명령을 내렸다.

헤라클레스는 다시 이올라우스를 데리고 호수를 향해 길을 떠났다. 그는 사자 가죽을 걸쳐 입고 이올라우스에게는 거대한 방패를 들게 했다.

그들이 스팀팔로스에 도착하자 모든 게 고요했다. 새들은 어디에도 보이지 않았다. 거대한 깃털 몇 개가 땅속 깊이 꽂혀 있었다.

헤라클레스는 깃털을 하나 뽑아 흥미롭게 이리저리 살펴보고, 손바닥 위에 올려놓아 무게를 재 본 다음에 말했다.

"이건 단단한 청동으로 만들어져 있구나. 대단히 멋진

화살이다! 이런 것들이 비처럼 떨어진다면 어떻게 될지 상상해 보렴. 하지만 걱정 말아라. 네 방패는 아주 튼튼하니까 너는 그저 조심하면 된다. 그리고 내게는 사자 가죽이 있으니 어떤 것도 뚫지 못하지."

문제는 새들이 둥지에 틀어박혀 한 마리도 보이지 않는다는 점이었다.

한참 지나 두 마리의 새가 나타났다.

그 새들은 몇 개의 청동 깃털을 허겁지겁 날렸다. 목표물을 제대로 겨냥할 틈이 없었던 것이다.

헤라클레스의 화살 두 개가 하늘로 날아오르자 두 마리의 새는 호수 속으로 떨어졌다.

그러나 눈앞에 나타난 새 한두 마리를 쏘았다고 문제가 풀리지는 않았다. 그 지역을 영원히 깨끗하게 싹 치워야 했다.

헤라클레스가 우뚝 선 채로, 이 일이 얼마나 어려운 일인가를 막 깨닫기 시작했을 때였다.

갑자기 무엇인가 쿵 하며 땅에 떨어지는 소리가 들렸다. 잠시 후 같은 소리가 다시 한번 났다.

어리둥절한 이올라우스가 소리쳤다.

"지금 막 하늘에서 딸랑이 두 개가 떨어졌어요!"

스팀팔로스 호수에서

헤라클레스는 그중 하나를 집어 들었다. 그 딸랑이는 청동으로 만들어진 것으로, 시골 사람들이 들판에서 새를 쫓을 때 쓰는 나무로 된 딸랑이와 아주 비슷한 모양이었다. 단지 크기만 훨씬 더 컸다.

헤라클레스가 소리쳤다.

"이 어려운 순간에 아테나 여신이 우리에게 도움을 주신 것이다. 이게 있으면 새들을 둥지에서 쫓아낼 수 있을 것이다! 자, 이올라우스야, 나처럼 이것을 높이 쳐들고 흔들어라!"

두 사람은 커다란 딸랑이를 하늘을 향해 흔들어 대기 시작했다.

딸랑이가 내는 소리는 엄청나게 컸다. 스팀팔로스 새들은 바위 근처에 있는 둥지에 들어가려다가 그 소리에 놀라 다시 떠올라 하늘을 빙빙 돌면서 비명을 질렀다.

순식간에 하늘은 잔인한 새들로 가득 찼다. 딸랑이 소리에, 새들의 청동 날개 퍼덕이는 소리와 새들의 목구멍에서 울려 나오는 거친 소리까지 더해졌다. 그것은 끔찍한 소리의 지옥이었다.

"딸랑이는 이제 됐다!"

헤라클레스는 소리치며 활을 잡았다.

헤라클레스의 화살은 목표물을 하나도 놓치는 법이 없었다. 많은 새들이 한 번에 두 마리씩 떨어졌다. 히드라의 독을 묻힌 화살은 어찌나 독한지 살짝 스치기만 해도 새들이 단번에 죽었기 때문이었다.

어떤 새들은 하늘에서 죽어 떨어지면서 푸른 호수 속으로 빠졌고, 어떤 새들은 갈대밭으로 떨어졌다. 바위에 부딪치면서 청동 깃털이 부서져 콰당 하는 요란한 소리를 내며 떨어지는 새들도 있었다.

헤라클레스는 하나의 활로 스팀팔로스 새들을 모두 물리쳤다.

새들은 두 사람에게 청동 화살 비를 쏟아부었지만 소용이 없었다. 헤라클레스와 이올라우스는 둘 다 자기들에게로 쏟아지는 청동 깃털을 잘 막아 냈다.

호수 일대가 금세 새들의 사체로 가득 찼다. 나머지 살아남은 새들은 겁먹은 목쉰 소리로 울어 대며 재빨리 수

평선 너머로 사라졌다.

그 무시무시한 육식 새들은 스팀팔로스 호수를 영원히 떠나 버렸다. 새들은 땅과 바다를 날아 마침내 흑해의 사막 지대에 다다라서 다시는 돌아오지 않았다.

스팀팔로스 호수는 이제 깨끗해지고 안전해졌다. 날아다니는 괴물들이 떠나 버리자 그 지역에 사는 사람들의 얼굴에도 미소가 되돌아왔다.

그러나 이 일에 대해 조금도 미소를 지을 수 없는 얼굴이 있었으니 그것은 에우리스테우스의 일그러진 얼굴이었다. 그는 헤라클레스가 살아서 돌아온다는 소식을 듣고 너무 화가 나서 미칠 지경이 되었다.

그러나 헤라는 그를 이런 말로 위로했다.

"헤라클레스는 열두 가지 과업을 완수해야만 하느니라. 이제 그는 겨우 세 가지를 달성했다. 나머지 과업을 해내는 중에 헤라클레스가 죽는 모습을 꼭 볼 것이다. 이번엔 그에게 에리만토스산을 마구 휘젓고 다니는 야생 멧돼지를 산 채로 잡아오라고 명령해라. 헤라클레스는 발이 대단히 빠른 그 야생 멧돼지를 결코 잡지 못할 것이다."

그런 다음 헤라는 몸을 구부려 에우리스테우스의 귀에 대고, 헤라클레스가 야생 멧돼지를 발견하기 전에 부딪히게 될 다른 위험에 대해서도 속삭여 주었다.

에우리스테우스는 너무 기뻐서 자신의 손을 싹싹 문질러 댔다.

네번째 과업/에리만토스 산의 야생 멧돼지

헤라클레스는 새로운 명령을 받자 좀 어리둥절했다. 그 비열한 영혼의 에우리스테우스가 왜 이따위 일에 자신을 보내려 하는 것일까?

야생 멧돼지는 잔혹한 동물이었다. 야생 멧돼지는 주변의 들판과 정원을 땅속까지 마구 엎어 놓는 바람에 농부들의 땀을 몽땅 헛수고로 만들어 버리곤 했다. 야생 멧돼지를 잡으러 나섰던 사람들은 모두 그 칼날 같은 이빨에 목숨을 잃었다.

그러나 헤라클레스에게는 자신을 보호할 방법이 있었다. 문제는 그 짐승을 어떻게 산 채로 잡는가 하는 점이었다. 하지만 그는 그 방법도 찾아낼 것이다.

'에우리스테우스가 그 지역 주민들을 생각해서 내게 야생 멧돼지를 잡아오라고 할 리는 절대 없다. 그렇다면 그는 왜 나를 굳이 그리로 보내는 걸까?'

마음속의 의문을 풀지 못한 채 헤라클레스는 에리만토스로 떠났다.

며칠 뒤 헤라클레스는 산기슭의 작은 언덕에 이르렀다. 때는 정오였다. 그는 샘에서 물을 마시면서 쉬었다 가려고 멈추었다.

그때 그의 귀에 말발굽 소리가 다가오는 게 들렸다. 헤라클레스는 몸을 일으켜 자신을 향해 달려오는 말과 기수를 보았다. 그 물체가 가까이 다가왔을 때 그는 놀라서 입을 다물 수가 없었다.

말 위에 탄 사람이 아무도 없었다. 그 자체가 말이며 사람이었다. 그것은 켄타우로스, 반은 사람이고 반은 말인 족속이었다. 그를 찾아온 켄타우로스의 이름은 폴로스였다.

폴로스는 헤라클레스를 보자 뚜벅 다가왔다. 그는 헤라클레스에게 우정 어린 인사를 건네면서 이 거친 곳에서 무슨 일을 하고 있는지 물었다. 헤라클레스가 자신이 누구이며, 어디서 왔는지를 말하자 폴로스는 매우 반가워하며 기뻐했다. 그는 이 영웅의 업적을 잘 알고 있었다.

폴로스가 말했다.

"당신이 우리 동굴에 들러서 나와 함께 식사를 하고 잠시 쉬었다 간다면 무한한 영광일 것입니다. 자, 가시죠. 내 형제들이 오기 전에 말입니다. 나는 당신이 이 길을 지나는 것을 내 형제들이 알아차리지 못하기를 원해요. 내 형제들이지만 그들은 참으로 난폭하답니다. 이 지역에서는 그들이 아주 무서운 놈들이지요. 오직 케이론만이 조용하고 친절해요. 게다가 그는 신들보다 더 지혜롭지요.

하지만 아무도 케이론의 말을 듣지 않아요. 야생 멧돼지를 피한 사람도 우리를 피하지는 못해요. 부끄러운 이야기지만, 이곳은 신이 버린 곳이에요. 여기서는 신이 도울지라도 아무도 발붙일 수 없어요. 그러나 어쨌든 가서 뭘 좀 먹읍시다. 나는 당신이 오래 머물러 있기를 바랍니다만 내 형제들 때문에 무슨 일이 일어날지 두렵군요. 그들은 기분 내키는 대로 당신을 그저 재미로 죽일 수도 있거든요."

헤라클레스는 폴로스가 이끄는 대로 따라갔다. 동굴에 도착하자 폴로스는 헤라클레스를 앉혀 놓고 맛있는 음식을 대접했다. 그러나 음식뿐이었지 술은 없었다.

동굴 한구석에는 커다란 술 항아리가 놓여 있었다. 그런데 왜 폴로스는 술을 대접하지 않는 것일까?

헤라클레스는 음식을 한입 떠 넣으면서 더 이상 참지 못하고 말했다.

"음식이 참 맛있습니다. 그러나 술이 없이는 잘 내려가지 않는군요."

폴로스는 이 말에 부끄러워하며 마실 것은 아무것도 줄 수 없다는 점을 사과했다. 거기에는 이유가 있었다.

"우리 켄타우로스들은 세상에서 가장 좋은 술을 가지고 있지만 그것을 신에게조차 바치지 않습니다. 하지만 당신만은 예외로 하겠습니다. 설사 내 형제들이 그것을 눈치챌 날이 올지라도."

이 말과 함께 폴로스는 두 개의 술잔을 가득 채워 하나를 헤라클레스에게 주었다. 술잔이 모두 바닥나자 주위는 달콤한 술 향기로 가득 찼다.

향기는 달콤했지만 그 결과는 쓰디썼다.

제법 얼큰하게 취하자 그들은 바람을 쐬러 동굴 밖으로 나와 산책했다.

헤라는 결코 그 기회를 놓치지 않았다. 그녀는 부드러운 바람에 술 냄새를 실어 다른 켄타우로스들의 코 앞으로 날랐다.

한 켄타우로스가 말했다.

"이것은 우리 술의 냄새야!"

다른 켄타우로스가 소리쳤다.

"누군가 우리 술을 마시고 있어!"

또 다른 켄타우로스가 고함을 질렀다.

"그럼 누가 술을 훔쳤다는 말이구나!"

그들은 모두 동굴을 향해 달려갔다.

동굴 안에 있던 폴로스는 말발굽 소리를 듣고 달려나갔다.

그는 공포에 질려 소리쳤다.

"우리가 잠시 정신을 잃었소! 그들이 눈치채고 달려오

고 있어요!"

켄타우로스들과의 싸움

이 소리를 듣고 헤라클레스는 그를 도우러 달려 나갔다. 다른 켄타우로스들은 자기들의 동굴에서 낯선 남자가 뛰어나오는 것을 보자마자 더욱더 화를 내며 달려들었다.

그들은 아무거나 손에 잡히는 대로 집어 들었다. 어떤 자는 거대한 돌을 들고, 또 다른 자는 그곳에 자라고 있는 키프로스 나무둥치를 뿌리째 뽑아 들었다. 그런 뒤 그들은 동굴로 달려갔다.

헤라클레스는 자신이 대단히 위험한 순간에 빠진 것을 알 수 있었다.

현명한 켄타우로스 케이론이 나서서 그들을 멈추게 하려고 했지만 소용이 없었다.

얼마 뒤 켄타우로스들은 커다란 돌을 던지기 시작했다. 다행히 그 사이의 거리는 아직도 상당히 멀어서 헤라클레스가 있는 곳까지 닿지 않았다.

헤라클레스는 즉각 활을 꺼내 날카로운 화살을 힘차게

날리기 시작했다. 히드라의 독을 묻힌 그의 화살은 켄타우로스들을 혼란에 빠뜨렸다. 화살 하나를 쏠 때마다 그들 중의 하나가 쓰러졌다. 마치 그가 벼락으로 내리치는 것만 같았다.

케이론은 그들에게 멈추라고 소리쳤지만 아무도 듣지 않았다. 그들은 차례대로 시체가 되어 땅에 쓰러졌다. 마지막 몇 명의 생존자는 간단하리라 여겼던 싸움이 불러온 믿을 수 없는 결과를 보고 뿔뿔이 흩어졌다.

마침내 몇몇 켄타우로스는 마레아에서 숨을 곳을 찾았고, 다른 자들은 에베노스강 근처에 살게 되었다.

비록 잔인한 켄타우로스들이 죽거나 에리만토스산에서 쫓겨났지만, 그 싸움에서 헤라클레스는 아무런 기쁨도 얻을 수 없었다. 그러기는커녕 오히려 가슴이 찢어지는 슬픔을 느꼈다.

헤라클레스의 화살 중 하나가 어떤 켄타우로스의 팔을 스친 다음, 늙고 현명한 케이론의 발에 떨어졌던 것이다. 켄타우로스들 중에서 오직 케이론만이 불사신이었다.

그러나 히드라의 독에 맞은 상처의 고통은 견딜 수 없

을 만큼 컸다. 헤라클레스는 직접 상처를 씻어 주기 위해 얼른 달려갔지만, 그는 치료가 불가능하다는 것을 잘 알고 있었다.

케이론은 몇 년이나 고통으로 괴로워하다가 마침내 전능한 제우스 신에게 간절히 부탁하게 된다. 그 끝없는 고통에서 벗어나기 위해 자신을 죽게 해 달라고.

제우스는 케이론의 간청을 들어주었지만, 죽음의 신이 케이론을 하데스의 어두운 지하 세계로 데려가게 하지는 않았다. 그 대신 제우스는 케이론을 하늘로 올려 별자리로 박아 주었다. 지금도 켄타우로스라고 불리는 별자리가 바로 그의 별자리다.

그러나 헤라클레스가 그날 슬퍼한 것은 늙은 케이론 때문만이 아니었다.

형제들을 잃은 슬픔에 잠긴 폴로스가 땅에 떨어진 화살을 뽑아 들고 헤라클레스에게 물었다.

"어떻게 이렇게 작은 화살이 그렇게 빨리 죽음을 불러올 수 있단 말입니까?"

"손 대지 마!"

헤라클레스는 위험을 경고하느라고 소리쳤는데, 그 소리가 너무 커서 폴로스는 그만 화살을 얼결에 떨어뜨리고 말았다. 화살이 떨어지면서, 독 묻은 화살의 뾰족한 끝이 폴로스의 다리를 스쳐 지나갔다.

그러나 그것이면 충분했다. 폴로스는 그 자리에서 죽고 말았다.

히드라가 지닌 무서운 독의 힘이었다.

헤라클레스는 슬픔 속에서 자신의 친구인 폴로스를 묻어 준 다음, 그 저주받은 장소를 떠났다. 그는 무거운 마음으로 야생 멧돼지를 찾아 에리만토스로 향했다.

이제 헤라클레스는 에우리스테우스가 왜 자신을 이 장소에 보냈는지 비로소 깨달았다.

물론 헤라클레스는 에우리스테우스의 의도와는 달리 육체적으로 상처를 입지는 않았다. 그러나 마음으로는 말할 수 없이 깊은 충격을 받았다.

폴로스의 죽음과 케이론의 오랜 고생은 그 뒤로도 오랫동안 헤라클레스의 마음을 무겁게 짓눌렀다.

야생 멧돼지와 더불어

그러나 슬프든 기쁘든, 그의 임무는 야생 멧돼지를 잡아서 에우리스테우스에게 가지고 가는 것이었다.

이리저리 온갖 곳을 다 찾아다닌 끝에, 헤라클레스는 마침내 야생 멧돼지를 추적해 냈다. 야생 멧돼지를 죽이는 일은 쉬웠다. 하지만 그가 받은 명령은 야생 멧돼지를 산 채로 잡는 일이었고, 그 점이 문제였다.

헤라클레스는 며칠 밤낮을 야생 멧돼지를 쫓아다녔다. 그러나 그 짐승은 번개처럼 빨리 달렸고, 덤불 속에 구멍을 팠고, 헤라클레스로서는 따라갈 수도 없는 좁은 틈으로 비웃듯 도망가기도 했다.

그는 몇 번이고 야생 멧돼지를 놓쳐서, 그것을 다시 찾아다니고 다시 쫓아다니는 일에 지쳐 있었다. 한번 놓치면 모든 게 헛일이 된 채 처음부터 다시 시작해야 했다.

그러나 무슨 일이 있어도 야생 멧돼지를 잡아야 했다.

헤라클레스는 앉아서 곰곰이 생각했다. 힘과 속도만이 언제나 답은 아니었다. 때로는 지혜와 꾀도 필요했다. 그 점에서도 헤라클레스는 조금도 부족함이 없었다.

'야생 멧돼지를 도망갈 곳이 없는 곳으로 몰아야만 한다.'

헤라클레스는 이렇게 마음먹고, 높은 바위 위로 올라가 주변을 둘러보았다. 그의 시선이 눈으로 덮인 산봉우리로 가 멎었다.

"그래, 야생 멧돼지를 저곳으로 몰고 가야겠다."

헤라클레스는 이렇게 말하고 야생 멧돼지를 다시 쫓기 시작했다. 그는 자꾸만 더 높은 곳으로 야생 멧돼지를 몰았다. 그 짐승이 방향을 바꾸려고 할 때마다 그는 야생 멧돼지가 가는 길에 돌을 던져서 자기가 바라는 곳으로 가게 만들었다.

그리하여 헤라클레스는 야생 멧돼지를 봉우리 사이로 몰고 가 마침내 눈으로 가득한 골짜기로 몰아넣을 수 있었다.

푹신푹신하고 하얀 눈덩어리에 파묻혀 야생 멧돼지의 짧은 다리들은 더 이상 빠르게 앞으로 나갈 수가 없었다. 그 무거운 몸뚱이는 눈 속에서 가슴까지 파묻혔다. 야생 멧돼지는 눈에 빠져 허우적거리며 오도가도 못 하게 되었다.

　마침내 헤라클레스는 야생 멧돼지를 잡아 다리를 하나로 묶어 어깨 위로 들어 올렸다.

　그는 꼼짝도 못 하게 된 야생 멧돼지를 둘러메고 미케네로 갔다.

　헤라클레스는 성큼성큼 걸어서 궁전 문 앞에 선 채 부들부들 떨고 있는 보초들을 지나쳐 에우리스테우스에게로 곧장 갔다.

　에우리스테우스는 야생 멧돼지를 어깨에 멘 헤라클레스를 보자마자 찢어지는 비명을 질렀다. 그의 힘빠진 다리는 마구 후들거리기 시작했다.

　그런 다음 펼쳐진 장면은, 고대 그리스 항아리에 그림을 그리는 화가들이 가장 즐겨 찾는 소재 중의 하나가 되었다. 공포에 질린 에우리스테우스, 그 '위대한 미케네의 왕'이 곧장 커다란 흙 항아리의 벌려진 입속으로 쏙 뛰어들어가는 장면이다.

　헤라클레스는 아무 일도 없다는 듯 한가로이 거닐다 몸을 구부려 에우리스테우스를 자세히 들여다보았다.

그러자 헤라클레스가 어깨에 멘 야생 멧돼지의 바늘처럼 날카로운 이빨 박힌 주둥이가, 겁 많은 허풍선이의 얼굴에 거의 닿을 지경이 되었다.

에우리스테우스의 온몸에 진땀이 줄줄 흘러내렸다. 그는 가을 나뭇잎처럼 샛노랗게 변해서 부들부들 떨었다. 저승 세계가 그의 발밑에 활짝 입을 벌리고 있었더라도 그렇게까지 놀라지는 않았을 것이다.

다섯 번째 과업/케리네이아의 암사슴

에우리스테우스가 야생 멧돼지를 본 충격에서 벗어나 회복되는 데는 꼬박 아흐레가 걸렸다. 그래서 헤라클레스는 다음 번 과업을 달성하러 당장 출발하지 않고, 지친 몸을 회복하기 위해 잠시 쉴 수 있었다. 사실 매 순간 그에게는 휴식이 필요했다.

열흘째 되는 날, 전령 코프레우스가 그에게 달려와 왕이 내린 새로운 명령 사항을 전달했다. 명령은 아르테미스 여신에게 바쳐진 케리네이아의 암사슴을 찾아내서 사로잡아 미케네로 데려오라는 것이었다.

"이제 저 녀석은 절대로 멈추지 않고 뛰는 사슴을 쫓느라 진이 빠질 게다."

에우리스테우스는 헤라클레스가 헛되이 땅 위를 뛰어다닐 생각을 하니 속이 시원해서 혼자 중얼거렸다. 이번에는 확실하게 그 영웅에게 모욕을 줄 수 있었다.

"설사 사슴을 잡는다 해도 그건 그놈한테 더 나쁜 일이 될 테니까 말이야! 사슴만 잡았다 봐라. 그 암사슴이라면 쩔쩔매는 아르테미스 여신이 가만히 있겠나. 벌을 주는 정도가 아니라 아예 죽여 버릴지 누가 안담."

에우리스테우스는 기분이 좋아 빙그레 웃었다.

아르테미스가 많은 동물 중에서 특히 그 암사슴을 사랑하는 것은 사실이었다. 그 암사슴은 아틀라스의 딸이며, 스파르타의 왕 라케다이몬의 어머니인 타이게테의 선물이었다.

케리네이아의 암사슴은 온 세상을 통틀어 가장 빨리 달리고, 가장 사랑스러운 동물이었다. 암사슴은 발굽이 청동으로 되어 있어서 영원히 지치지 않고 달릴 수 있었다. 또한 머리는 단단하고 반짝이는 황금의 눈부신 뿔로 장식

되어 있었다.

헤라클레스는 꼬박 1년 동안 그 암사슴을 쫓아 산을 넘고, 골짜기를 지나고, 강을 건넜다. 계곡의 비탈을 내리닫기도 하고, 넓은 들판으로 나서기도 했다.

그는 코린토스 해협도 건너고, 헐떡거리며 키타이론산, 파르나소스산, 오이테산의 봉우리들도 지났다. 그런가 하면 암사슴을 쫓아 테살리아로 내려가기도 하고 일리리아로 들어가기도 했다.

어떤 때는 타오르는 태양 밑을 달렸고, 어떤 때는 서리를 맞으며 달렸다. 가끔 그는 날카로운 돌 끝에 발이 찔리기도 했고, 부드러운 눈 속에서 미끄러져 넘어지기도 했다.

케리네이아의 암사슴은 언제나 그를 앞섰다. 그 사슴은 이스트로스의 샘을 넘어 히페르보레오스 땅으로 올랐다. 그런 다음 다시 그리스로 돌아와 펠로폰네소스반도로 내려가고, 그를 훌쩍 앞질러서 아르테미스의 산들을 뛰어넘어 아르카디아로 달아났다.

이 성스러운 동물은 도무지 지치는 기색을 보이지 않았

다. 헤라클레스는 그 뒤를 끈질기게 쫓아서 사슴을 시야에서 벗어나게 하는 일은 없었다. 하지만 아무리 기를 써도 암사슴을 잡을 만큼 가까이 다가갈 수 없었다.

그들이 라돈강에 이르렀을 때였다. 암사슴은 라돈강을 뛰어넘기 위해 아주 잠시 멈춰 서서 건널 곳을 둘러보았다.

헤라클레스는 이때를 놓치지 않고 활을 당겨 암사슴의 다리를 맞혔다. 헤라클레스의 활 솜씨는 신의 기술처럼 훌륭했다. 그의 화살은 사슴이 막 다리를 모아 뛰어오른 순간, 단 한 번에 사슴의 다리 네 개를 다 꿰었다. 그의 화살이 힘줄과 뼈 사이를 어찌나 교묘하게 지나갔는지 사슴은 피 한 방울 흘리지 않았다. 사슴은 심하게 다치지는 않았지만, 헤라클레스가 잡으려고 달려오는데도 한 발자국도 움직일 수가 없었다.

아르테미스와의 만남

그러나 헤라클레스의 손이 암사슴에게 닿기도 전에, 여신의 화난 목소리가 메아리처럼 울려 퍼졌다.

"감히 네가 어떻게!"

뒤를 돌아보자 숲의 위대한 여신인 아르테미스가 보였다. 아르테미스의 활은 똑바로 그를 겨누고 있었다. 참을 수 없는 분노가 그녀의 얼굴에 가득 차 있었다.

그제야 헤라클레스는 그 암사슴이 아르테미스에게 바쳐진 선물이란 것을 떠올렸다. 또한 그는 아르테미스가

얼마나 엄격한 여신인지, 자신에게 조금이라도 해를 끼친 자를 얼마나 잔인하게 벌하는지도 잘 알고 있었다.

그는 우연히 저지른 악타이온의 실수에 대해 아르테미스가 얼마나 잔인하게 보복했는가를 떠올렸다. 또한 티끌만큼의 가엾어하는 마음도 없이 니오베의 자식들에게 어떻게 복수했는지도, 심지어 무서운 거인족이 신들을 왕좌에서 쫓아내려고 쳐들어왔을 때 알로아드를 파괴하는 방법을 어떻게 찾아냈는지도 떠올렸다.

헤라클레스는 이 모든 일을 잘 알고 있었다. 그런데도 그는 조금도 두렵지 않았다.

아르테미스는 다시 한번 소리를 질렀다.

"감히 네가 어떻게 내 암사슴에게 상처를 입힌단 말인가? 꼬박 1년을 쫓아다니도록 나는 너를 내버려 두었다. 네가 맨손으로는 암사슴을 잡아 갈 만큼 빠르지 못하다는 걸 알았기 때문이다. 그러나 암사슴을 쫓는 것만으로 충분하지 않더냐? 너는 결국 상처까지 입혔다! 너는 내가 누구라고 생각하느냐? 아마 네 아버지도 제우스 신일 게다. 그렇다면 나는 네 누이다. 그렇지만 너는 신이 아니다. 나는 너를 조금도 동정하지 않는다. 이 모욕을 설명해 보아라. 내 화살은 결코 과녁을 놓치는 일이 없으니까!"

암사슴을 얻은 헤라클레스

헤라클레스가 대답했다.

"나는 에우리스테우스의 명령을 따르는 중입니다. 그

어리석고 보잘것없는 미케네의 왕 말입니다. 나는 이 암사슴을 그의 궁전으로 데리고 가서 보여 준 다음 다시 자유롭게 놓아줄 것입니다. 이 일을 하게 한 것은 내가 아니라 바로 신들입니다. 그리고 당신이 알 듯이 나는 신들을 존중하여 신들이 원하는 일을 하고 있는 것입니다. 그래도 내가 잘못했다고 생각한다면 나를 죽이십시오."

아르테미스는 그의 대답을 유심히 들었다. 그는 '내가 잘못했다고 생각한다면 나를 죽이십시오.'라고 말했다. 그러나 그의 행동에는 틀린 게 없었다.

그러나 한편으로 보면 그는 여신의 암사슴에 상처를 입혔다. 여신은 그것을 커다란 모욕으로 받아들였다. 두 개의 힘이 여신의 마음 안에서 싸웠다.

한편에서는 그녀의 올림포스 신다운 자존심이 그리고 다른 한편에서는 단순하고 명백한 논리가 맞붙었다. 잠시 동안 아르테미스는 이러지도 저러지도 못한 채 생각에 잠겨 서 있었다.

마침내 아르테미스는 활을 내리고 말했다.

"그 암사슴을 에우리스테우스에게 가져가라. 그러나

더 이상 다치지 않게 조심해라. 인간이 내 의지를 굴복시킨 것은 이번이 처음이다. 헤라클레스여, 너는 기뻐할 만하다."

그래서 헤라클레스는 암사슴을 데리고 미케네로 갔다.

위대한 과업을 완성하기 위해서는 힘이나 속도, 꾀만으로 충분한 것이 아니었다. 가끔은 정신의 위엄까지 요구되는 것이다. 그리고 그 점은 헤라클레스에게 결코 부족한 자질이 아니었다.

에우리스테우스는 헤라클레스가 이 일까지 성공했다는 것을 알았을 때 어찌나 약이 올랐는지 입 가득히 거품까지 물었다.

"그렇더라도 헤라클레스를 내 궁전 문 앞에 얼씬도 못하게 하는 방법은 있지. 그에게 말도 못 하게 천하고 더러운 일을 시키는 거야. 이제 그를 남은 인생 내내 똥이나 치우게 해야겠다!"

그 즉시 에우리스테우스는 전령을 불러들였다.

"코프레우스! 코프레우스! 헤라클레스에게 아우게이아스의 외양간을 치우라고 전해라!"

엘리스의 왕인 아우게이아스의 외양간은 그동안 단 한 번도 치운 적이 없는 곳으로, 고약한 냄새를 풍기는 산처럼 높은 똥으로 뒤덮여 있었다.

 아우게이아스 왕은 태양신 헬리오스의 아들로 많은 짐승을 갖고 있었다. 그들 중에 검은 몸에 하얀 다리를 지닌 멋진 황소가 300마리 있었다. 그것은 헬리오스가 아들에게 직접 준 선물이었다. 그 밖에도 태양처럼 새빨간 황소 200마리, 백조보다도 새하얀 열두 마리의 황소도 있었다. 모든 소들 중에서도 가장 뛰어난 소는 위대한 태양신처럼 밝게 빛나는 황소였다.

 이런 양 떼와 소 떼 말고도 아우게이아스는 가장 기름진 땅을 가지고 있었다. 그런데 매우 이상하게 들리겠지만, 그 기름진 엘리스 평야야말로 그 지역이 겪고 있는 문제의 원인이었다.

 평야는 거름을 주어서는 안 될 정도로 기름졌다. 그리하여 짐승들의 똥은 치워지지 못하고 외양간 바닥에 자꾸 쌓였다. 그것들은 해가 갈수록 높아져서 이제는 아무도 그것을 떠낼 수 없을 만큼 산처럼 높아졌다.

엘리스의 백성들이 외양간에서 밤낮으로 몇 년 동안 일했지만, 지독한 냄새 덩어리는 치워지지 않았다.

그런 까닭에 많은 똥이 아우게이아스의 외양간에 쌓였고, 그것 때문에 온 나라에 역병이 퍼져 나갔다.

여섯 번째 과업/아우게이아스의 외양간

이 산더미 같은 거름을 어떻게든 치워야만 했다. 게다가 헤라클레스 혼자서 그 일을 해내야만 했다.

"이제 남은 인생 동안 소똥 속에 뒹굴다가 죽으라지. 그런 다음 우리는 누가 더 훌륭한지 알게 될 거야. 나같이 위대한 왕이 더 훌륭한지, 아니면 내 뜻에 복종해 사는 재수 없는 영웅이 더 나은지."

에우리스테우스는 기분이 좋아 히죽거렸다.

헤라클레스는 엘리스에 닿자마자 외양간을 살펴보았다. 자기 앞에 놓인 일을 보자 그는 에우리스테우스가 자신에게 품고 있는 질투와 원한이 어느 정도인지 잘 알 수 있었다.

"하지만 문제가 있다면 답도 있는 법이다."

헤라클레스는 혼자 중얼거리며 그 답을 찾기 위해 앉아서 생각에 잠겼다.

잠시 뒤에 그의 마음속에 어렴풋이 계획이 떠오르기 시작했다. 그는 즉각 뛰어나가 주변 마을을 다 내려다볼 수 있는 약간 솟아 있는 언덕 위로 올라갔다.

거기서 헤라클레스는 반짝이는 거대한 뱀처럼 좌우로 흐르는 두 개의 커다란 강이 평야를 지나서 지평선으로 흐른다는 사실을 알아냈다.

외양간은 엘리스만이 아니라 펠레폰네소스반도 전체에서 가장 큰 강인 알페이오스와 페네이오스강 사이에 있었다. 헤라클레스는 그 강들을 멀리서 주의 깊게 바라본 다음 미소를 띠고 언덕을 내려갔다.

그는 아우게이아스 왕을 찾아가서 말했다.

"나는 알크메네의 아들, 헤라클레스요. 나는 당신의 외양간을 치우러 왔소."

아우게이아스 왕이 조롱하듯이 물었다.

"일꾼들이 많이 필요할 텐데, 얼마나 데리고 왔는가? 내게는 당신에게 붙여 줄 일꾼이 없어서 말이야."

헤라클레스가 대답했다.

"일꾼들은 필요 없소. 나는 혼자서 그곳을 치울 거요."

아우게이아스는 웃음을 터뜨렸다.

"그걸 혼자 치우자면 얼마나 오래 걸릴 거라 생각하는가? 천 년, 이천 년?"

"나는 당신의 외양간을 하루 만에 깨끗이 치울 것이오."

헤라클레스는 자신 있는 목소리로 대답했다.

"잘 들어라, 헤라클레스. 나와 얘기를 하려면 진지하게 해야 한다!"

"나는 지금 진지하오. 당신의 외양간은 단 하루 만에 깨끗해질 것이오."

"네가 말하는 대로 한다면 내 양 떼의 10분의 1을 주겠다."

아우게이아스 왕은 아들인 필레우스를 불러 그 계약의 증인이 되게 했다. 그러자 필레우스는 헤라클레스에게 밤이 되기 전에 외양간의 똥을 다 치우겠다는 맹세를 하라고 했다.

헤라클레스는 이전에는 결코 맹세를 해 본 적이 없었지

만 이번에는 그렇게 했다.

필레우스가 말했다.

"그리고 아버님도 헤라클레스가 약속한 대로 한다면 그에게 양 떼의 10분의 1을 주시겠다고 맹세하십시오."

아우게이아스도 맹세했다.

다음 날 헤라클레스는 새벽에 일을 하기 시작했다. 태양이 하늘 높이 떴을 때 아우게이아스는 더러운 외양간을 치우는 일이 얼마나 진행되었나 알아보러 갔다.

그러나 헤라클레스는 어디 갔는지 보이지도 않고, 똥을 치운 흔적은 조금도 보이지 않았다.

아우게이아스가 어깨를 으쓱하며 말했다.

"내가 무엇 하러 이 고약한 냄새가 코를 찌르는 곳에 와서 고생하고 있지? 그자의 약속은 미친 사람의 말로 알아들었으면서 말이다. 하지만 여기 앉아서 그와의 거래를 마쳐야겠다. 목격자도 있고 증거도 있으니."

목동이 다가와 말했다.

"폐하, 헤라클레스는 페네이오스강으로 내려갔습니다."

"그자가 할 일은 여기 있는데, 강으로 내려갔다고? 대체 거기서 뭘 하겠다는 거냐?"

"말씀도 마세요! 그런 미친 짓이 없어요! 돌과 흙들을 마구 물속으로 던지고 있답니다. 엄청나게 커다란 바위까지도요. 참 믿기 힘든 힘이긴 하더라고요! 근육도 거인들보다 더 강해 보였어요. 하지만 그런들 무슨 소용이 있겠어요? 글쎄, 거기서 몇 년 동안 그 짓을 하고 있으면 또 모르겠지만 말입니다."

"그자는 미친놈이라고 내가 말하지 않던가. 내 생각이 정말 옳았구나! 이제 여기서 나가야겠다. 이 고약한 냄새가 코를 뭉개 버리기 전에."

그들은 코를 쥐고 후닥닥 그곳을 떠났다.

목동의 말이 맞았다. 헤라클레스는 정말로 강가에서 일하고 있었다. 그는 두 개의 둑을 만들고 있었다. 한낮이 되자 일이 완성되었다. 거대한 물이 둑 뒤에 차오르기 시작했다.

"조금 있으면 저 물이 내가 원하는 곳으로 정확히 넘쳐흐를 것이다."

그런 다음 헤라클레스는 외양간으로 달려가서 그곳을 둘러싼 벽에 두 개의 커다란 구멍을 냈다. 이 일을 마치자

그는 근처의 높은 땅으로 올라가서 팔짱을 낀 채 일이 어떻게 되어 가나 지켜보려고 기다렸다.

헤라클레스는 오래 기다릴 필요도 없었다.

"페네이오스강 물이 넘친다!"

그는 승리감에 넘쳐서 소리를 질렀다.

"이제 조금 있으면 알페이오스강에서도 강물이 넘쳐 흐를 것이다!"

정말로 얼마 안 되어 두 줄기의 강물이 벽을 넘어 외양간으로 넘쳐 들어갔다. 그러더니 눈 깜짝할 사이에 외양간을 깨끗이 쓸어 내 버렸다.

헤라클레스는 기쁨에 겨워 제정신이 아닐 정도였다. 그는 아우게이아스의 외양간을 치운 정도가 아니라 아주 깨끗이 청소까지 한 것이다. 그보다 좋은 일은 결코 있을 수가 없었다.

잠시후 헤라클레스는 강으로 다시 내려가 두 개의 둑을 부서뜨렸다. 그런 다음 외양간으로 돌아가 벽에 난 구멍을 고쳤다. 그의 일은 이제 완벽하게 완성되었다.

태양이 서쪽 언덕 뒤로 가라앉을 때, 헤라클레스는 아

우게이아스 왕에게로 돌아갔다.

왕은 벌써 무슨 일이 일어났는지 알고 있었지만 기뻐하기는커녕 화를 내고 있었다. 그는 헤라클레스에게 주기로 약속한 짐승들을 주고 싶지 않았던 것이다.

아우게이아스가 소리쳤다.

"외양간을 치운 것은 네가 아니었다! 그 일은 강물이 했다!"

"대체 그게 무슨 소리오?"

헤라클레스가 놀라서 물었다.

"그 일은 강의 신들이 했다는 말이다. 알페이오스와 페네이오스강의 신들이. 내가 감사해야 한다면 그 신들한테 할 것이다!"

"그럼 내 공로는 아무것도 없단 말이오? 우리의 계약은 어떻게 하고?"

"우리가 무슨 계약을 했단 말이냐?"

"그렇다면 당신의 맹세는?"

"나는 어떤 맹세도 하지 않았다!"

아우게이아스가 화를 내며 버럭 소리를 질렀다.

"자, 당장 여기서 썩 꺼져라, 이 소도둑놈아!"

헤라클레스는 자신의 귀를 의심했다. 그가 자신을 모욕하려는 것은 이제 너무도 분명했다. 헤라클레스는 약속한 짐승들을 못 받게 된 일보다 아우게이아스가 계약도, 맹세도 하지 않았다고 시치미를 딱 잡아떼는 일이 훨씬 더 참을 수 없었다.

헤라클레스는 그 일을 그냥 넘기지 않고 법정에 고소했다. 재판관들은 필레우스를 증인으로 불렀다. 그 젊은이는 용감하게도 그들 앞에서 헤라클레스와 자신의 아버지 사이에 있었던 모든 진실을 이야기했다. 헤라클레스가 이겼다.

하지만 아우게이아스는 화를 내며 벌떡 일어나 재판관의 판결을 받아들이지 않겠다고 우겼을 뿐만 아니라 재판관들 모두와 자기 아들까지 다 추방해 버렸다. 특히 그는 헤라클레스가 영원히 엘리스 땅에 발을 디디지 못하도록 명령했다.

헤라클레스가 말했다.

"나는 반드시 돌아올 것이다. 그때 네놈은 그 더러운 속임수에 대해 대가를 지불해야 할 것이다. 바로 이 자리에서 나는 네놈한테서 그것을 받아 낼 것이다. 그러나 지금은 아니다. 신들이 명령한 일을 하느라 나는 바쁘다. 그러나 나는 결코 잊지 않는다. 잘 알고 기다리고 있어라!"

그리고 그는 자신의 말을 결코 잊지 않았다.

올림피아 경기장의 건설

열두 가지 과제가 다 완성되었을 때, 헤라클레스는 엘리스로 군대를 이끌고 돌아갔다. 그는 아우게이아스와 싸워서 그를 죽이고 필레우스를 왕으로 앉혔다.

그러나 헤라클레스는 자신이 받기로 한 소 떼는 가져가고 싶어 하지 않았다. 그래서 필레우스는 그 대신 그에게 페네이오스강 옆의 기다란 땅을 주었다.

헤라클레스는 거기다 올림포스의 제우스에게 바치는 사원을 짓고, 그와 함께 아주 커다란 경기장을 지었다. 그는 그곳을 '올림피아'라 이름 붙였고 거기서 최초의 올림픽 경기가 열렸다.

헤라클레스가 미케네로 돌아왔을 때, 에우리스테우스

는 너무 놀라 얼이 빠질 지경이었다. 그는 헤라클레스를 다시 보리라고는 생각도 하지 않았던 것이다.

에우리스테우스는 두려움에 떨면서 코프레우스를 불러 도대체 헤라클레스가 어떻게 해서 돌아왔는지 알아 오라고 시켰다. 왕이 헤라클레스에게 시킨 일은 몇천 년이 걸려도 할까 말까 한 일이 아니던가.

코프레우스가 말했다.

"저는 벌써 알고 있습니다, 위대한 왕이시여. 그는 아우게이아스의 외양간을 하루 만에 치워 냈다고 합니다."

그런 다음 그는 헤라클레스가 어떤 식으로 그 불가능해 보이는 일을 해냈는지 설명했다.

코프레우스의 말을 듣자 에우리스테우스는 더 큰 불안감에 사로잡혔다.

이제 그에게는 헤라클레스가 힘세고 용감한 것만이 아니라 뛰어나게 영리한 인간이라는 것이 분명해졌다. 겁 많고 어리석은 미케네의 왕은 자신이 상대적으로 얼마나 초라한지를 깨달았다. 그럴수록 그는 한층 더 헤라클레스의 몰락을 바라게 되었다.

그러나 헤라클레스가 한 일들이 말처럼 쉬운 것은 아니었다. 그는 언제나 위험을 겪으며 간신히 승리를 얻어 낼 수 있었다.

그는 네메아의 사자를 죽였고, 레르네의 히드라를 처치했고, 스팀팔로스 호수에서 육식 새들을 몰아냈다. 에리만토스의 야생 멧돼지를 미케네에 가지고 왔으며, 케리네이아의 암사슴을 사로잡아 왔고, 이제 아우게이아스의 외양간도 치워 냈다.

열두 가지 과업 중 반이 완성되었다. 그 일들은 모두 인간의 힘을 넘어서는 일이었다. 이제 어떤 일이 그가 나머지 과업을 수행하는 것을 막을 수 있단 말인가?

에우리스테우스는 이러한 생각에 괴로워했다.

그러나 헤라 여신이 다시 한번 그를 도우러 왔다. 헤라는 그에게 헤라클레스를 새로운 도전에 맞서도록 아주 먼 지역으로 보낸다면, 남은 과업은 훨씬 감당하기 어려울 거라고 충고해 주었다.

앞쪽의 여섯 가지 과업은 모두 펠로폰네소스반도 안에서 이루어진 일이었다. 하지만 뒤쪽의 여섯 가지 일은 멀고도 더욱 위험한 모험이었다.

일곱 번째 과업/크레타의 황소

일곱 번째 과업은 이중으로 위험했다. 에우리스테우스는 헤라클레스에게 크레타의 들판을 휩쓸고 다니는 무시무시한 황소를 잡아 오라고 명령했다. 그러나 그냥 잡는 게 아니라 산 채로 잡아서 바다를 건너 미케네로 끌고 오라는 것이었다.

먼저 이 크레타의 황소가 어떤 짐승인지부터 이야기해 보겠다.

크레타의 미노스 왕은 한때 포세이돈 신에게, 크레타의 바닷가에 산 채로 밀려오는 짐승이 있으면 어떤 짐승이든 바치겠다고 약속했다. 그래서 포세이돈은 황금 뿔과 청동으로 된 발굽을 가진 눈부신 황소 한 마리를 크레타의 바닷가에 놔두었다.

그러나 미노스 왕은 이 놀라운 짐승을 보자 바다의 신에 대한 약속을 깨고 황소를 자기 외양간에 집어넣었다. 그리고 포세이돈에게 보통의 황소를 바쳤다.

포세이돈은 미칠 듯이 화를 냈다.

"미노스가 신을 그렇게 얕잡아본단 말인가? 내 뜻을 거슬러 그 황소를 가져도 별일 없을 거라 생각한단 말이지? 좋다, 그는 곧 그 일로 어떤 대가를 치러야 하는지 알게 될 것이다. 그 황소가 가져오는 것은 엄청난 불행과 슬픔뿐일 것이다!"

그러자 지금까지 양처럼 얌전하게 잘 지내던 눈부신 황소가 갑자기 돌변하여 무시무시한 괴물이 되고 말았다.

파괴의 거친 욕망에 사로잡힌 황소는 사람과 짐승들을 공격했고, 가는 곳마다 학살의 아수라장을 만들어 놓았다. 그 황소를 길들이거나 죽이려 했던 사람들은 힘에 부친 싸움에서 모조리 죽임을 당했다. 황소의 미친 날뜀은 포세이돈의 분노를 나타내는 것이기 때문이다.

헤라클라스에게 떨어진 일은 단지 그 황소를 산 채로 잡아 넓은 에게해를 건너 미케네까지 끌고 오는 것이었다.

헤라클레스는 크레타로 가서 미노스 왕에게 자신의 과업에 대한 허락을 구했다.

미노스 왕이 말했다.

"나는 기꺼이 허락한다. 그러나 과연 황소가 그래 줄지는 의심스럽구나. 게다가 그 황소를 끌고 바다를 건너가겠다고? 너는 미친 게 틀림없구나. 어쨌든 좋다. 나는 네가 성공하기를 바라지만, 설사 실패하더라도 너를 위해 눈물 한 방울 흘리지 않겠노라. 이 세상에서 영웅 하나가 없어지는 일이야 그다지 커다란 손실은 아니니까."

헤라클레스는 혼자 중얼거렸다.
"어째서 왕들은 모두 나를 미워하는 걸까. 에우리스테우스, 아우게이아스 그리고 지금 미노스까지. 좋다, 그러라고 해라. 내가 할 일은 황소를 잡아 미케네로 가져가는 것뿐이다."
황소를 찾아 내는 데는 오래 걸리지 않았다. 당장에 싸움이 시작되었다.

황소는 헤라클레스를 보자마자 뿔을 낮추고 돌격해 왔다. 달려드는 황소의 발굽 소리는 천둥소리 같아서 다른 사람이라면 그 소리만으로도 겁에 질릴 판이었다.

하지만 헤라클레스는 굳건히 서 있다가 황소가 막 자신의 몸을 덮치려는 순간, 재빨리 옆으로 몸을 피했다.

황소의 뿔은 헤라클레스에게 박히는 대신 허공을 박았다. 그 바람에 황소는 앞으로 밀려나가 무릎이 꺾이고 말았다. 눈 깜짝할 사이에 황소는 다시 일어났다. 황소는 무섭게 울부짖으며 두 번째 공격에 들어갔다.

그러나 이 미친 듯한 짐승은 첫 번째 공격에 온 힘을 다 써 버린 터였다. 그래서 이번에 헤라클레스는 자신에게 달려오는 황소를 가만히 바라보았다. 그리고 황소의 머리가 가까이 다가오기를 기다렸다가 비로소 강철 같은 힘으로 뿔을 쥐어 소를 멈추게 했다. 그러자 황소의 거대한 몸이 부들부들 떨렸다. 마치 바위로 만든 벽에 부딪친 것처럼.

헤라클레스는 무섭고도 놀라운 힘으로 황소의 머리를 아래로 눌러서 콧구멍이 땅에 닿도록 했다. 황소는 거칠게 버둥거렸지만 절대로 머리를 들어 올릴 수 없었다.

황소는 절망적으로 뭐라도 뒤지는 것처럼 뒷발굽으로 땅바닥을 긁어 댔다. 하지만 어떤 짓을 해도 제우스의 아들을 떨쳐 내거나 흔들리게 할 수 없었다.

황소는 어찌할 수 없는 처지에 대한 분노로 입안 가득히 거품을 물었다. 얼마 지나지 않아 황소는 마지막 힘을 다 써 버리자 더 이상 몸부림치지 않고 얌전히 항복했다.

그러자 헤라클레스는 밧줄로 황소의 뿔을 묶었다.

황소는 다시 힘이 회복된 다음에도 얌전히 헤라클레스를 따랐다. 악명 높던 크레타의 황소가 마침내 길들여진 것이다.

헤라클레스는 황소를 바다로 끌고 갔다. 한때는 가장 불가능해 보였던 과업이 갑자기 어떤 일보다도 쉽게 이루어졌다.

헤라클레스는 편안히 황소의 넓은 등에 올라탄 채 펠로폰네소스 바다를 건넜다. 바닷가에 다다르자 헤라클레스는 미케네의 황소를 에우리스테우스의 외양간으로 끌고 가 굴레를 씌워 두었다.

그러나 에우리스테우스는 모든 크레타 사람들이 두려워하던 짐승이 자신의 외양간에 묶여 있다는 것을 알자, 깜짝 놀라 소리를 지르며 헤라클레스에게 황소를 당장 미케네와 궁전에서 멀리 떨어진 산으로 끌고 가 버리라고 명령했다.

헤라클레스가 기껏 황소를 길들여서 안전하게 묶어 데리고 왔는데, 이 호들갑스런 겁쟁이 에우리스테우스는 그것을 다시 놓아주라는 것이었다. 조금만 내버려 두면 이 포악한 짐승이 백성들을 짓밟아 어떤 복수를 할지도 모르는데 말이다!

황소는 다시 자유로워지자 펠로폰네소스의 공포가 되었다.

황소는 마침내 코린토스 해협을 건너 마라톤의 길을 따라 그 주변의 시골을 휩쓸었다. 마라톤의 황소라고 알려진 이 황소는 나중에 아테나의 위대한 영웅 테세우스에 의해 죽는다.

여덟 번째 과업/디오메데스의 말

크레타의 황소 사냥 다음에 에우리스테우스는 또다시 헤라의 충고를 받아들여 이번에는 헤라클레스를 트라키아로 보내 디오메데스 왕의 말을 데려오라고 명했다.

디오메데스 왕은 이 위험한 짐승들을 자신의 외양간에 무거운 사슬로 묶은 채 가둬 놓고 있었다. 말의 턱뼈는 청동으로 되어 있고, 그들이 먹는 유일한 음식은 사람 고기였다.

그러나 말들보다 더욱 무서운 것은 디오메데스였다. 그는 야만적인 비스토네스족을 다스렸으며 전쟁의 신 아레스의 아들이었다.

디오메데스의 핏속에는 전쟁에 대한 사랑이 흘렀다. 그는 사소한 전투가 일어나기만 해도 그것을 키워 전쟁으로 만들었다. 불행하게도 그의 이웃이 된 나라들은 디오메데스 때문에 큰 괴로움을 겪었다.

디오메데스의 포악한 기질은 점점 더 강해졌다. 그는 사람 고기를 먹는 말을 대단한 자랑으로 여기며 끔찍한 짓을 서슴지 않았다.

포로들은 산 채로 말의 먹이가 되었다. 이런 소름 끼치는 운명에 처해지는 것은 전쟁에서 잡힌 포로들만이 아니었다. 그는 트라키아 지방을 지나가는 나그네까지 잡아다 말의 먹이로 주었다.

나그네들은, 여기도 제우스가 정한 환대의 원칙이 잘 지켜지겠지 하고 생각하면서 아무 의심 없이 지나가다 봉변을 당했다.

일단 디오메데스의 손안에 들어가면 아무도 도망칠 수 없었다. 모두 식인 말들에게 잡아먹히고 말았다.

헤라클레스는 사나운 디오메데스 왕이 있는 트라키아로 출발했다. 이번에 그는 무슨 일이 생길 경우 자기 편이 되어 싸워 줄 수 있는 친구를 몇 명 데리고 갔다. 그중에는 로크리스에서 온 '압데로스'라는 용감한 젊은이도 있었다.

헤라클레스와 친구들은 마침내 트라키아의 바다에 도착했다.

헤라클레스는 내리자마자 디오메데스의 마구간으로 달려갔다. 동료들이 망을 보고 있는 사이, 그는 재빨리 말

들의 고삐를 풀고 재갈을 물려 배로 끌고 갔다.

"배에다 말을 매 놓고 올 동안 여기서들 기다려. 만약 디오메데스가 오는 게 보이면 소리를 질러서 알려 줘!"

헤라클레스는 다른 친구들에게 말했다. 그의 명령에도 불구하고 압데로스는 걱정이 되어 헤라클레스를 쫓아 달려갔다.

그런데 그들이 배에 채 닿기도 전에 고함 소리가 들려왔다.

"디오메데스다! 비스토네스 사람들을 데리고 디오메데스가 온다!"

헤라클레스는 잠시 망설였다. 압데로스는 그 이유를 알아차리고는 말했다.

"걱정 말고 말들은 나한테 맡기고 가게."

헤라클레스는 아무래도 마음이 놓이지 않았지만 그 상황에서는 다른 방법이 없었다.

그는 말들을 압데로스에게 맡기고 디오메데스를 막으러 달려갔다. 아직 멀리 떨어져 있었지만, 빠른 속도로 달려오는 셀 수 없이 많은 비스토네스 군대가 보였다.

디오메데스는 검은 말을 타고 그들을 이끌고 있었다. 그들은 가까이 다가오자 사나운 소리를 지르면서 긴 창을 휘둘렀다.

헤라클레스와 친구들은 죽을 위험에 처해졌다. 적은 숫자로 어떻게 많은 수의 군대를 대항할 것인가?

그러나 헤라클레스는 해답을 찾아냈다. 그는 자기들이 서 있는 평원이 바다 표면보다 낮다는 것을 알아차렸다. 그곳은 파도에 의해 쌓인 모래 언덕이 방파제 역할을 하는 땅이었다.

헤라클레스가 친구들에게 소리쳤다.

"자, 어서들 와서 도와줘! 이 평원이 물에 잠기게 수로를 뚫어 버리자!"

말이 채 끝나기도 전에 그는 맹렬히 땅을 파기 시작했다. 금세 모래 언덕에 구멍이 났다. 처음에는 작은 구멍이었지만 사납게 밀려드는 바닷물로 곧 빠르게 넓어졌다.

얼마 지나지 않자 거대한 물이 넘쳐 평야를 뒤덮은 큰 호수가 만들어졌다. '비스토네스'라 불리는 그 호수는 오늘날까지 남아 있다. 공격하던 비스토네스의 많은 병사들은 거품이 이는 물결 속으로 휩쓸려 들어갔다.

남은 자들은 걸음아 나 살려라 하며 도망갔다. 디오메

데스와 그의 시종은 앞쪽에 있지 않아 쏟아지는 물을 피해 도망쳤다.

하지만 그들의 퇴로에는 헤라클레스와 친구들이 기다리고 있었다. 덫에 걸린 짐승처럼 갇힌 그들은 영웅들의 공격을 피해 바다의 만 쪽으로 방향을 돌려 도망쳤지만 곧 길이 막혔다.

디오메데스는 헤라클레스의 곤봉을 맞고 말 위에서 떨어졌지만 죽지 않았다. 그는 곧 몸을 일으켰으나 그것으로 끝이었다.

그 잔인한 왕은 자신이 저지른 끔찍한 일들을 그대로 되돌려받았다. 그는 산 채로 자기 말들한테 잡아먹힌 것이다.

압데로스의 죽음

적은 패배했다. 그러나 헤라클레스와 친구들은 너무도 슬픈 손실을 입었다.

그 야만적인 말들이 압데로스를 갈기갈기 찢어 놓은 것이다. 이 용감한 젊은이가 죽자 그들의 슬픔은 이루 말로 표현할 수가 없었다. 헤라클레스의 슬픔은 다른 누구보다도 컸다.

"그를 혼자 두고 가다니, 내 잘못이었다."

헤라클레스는 계속 그 말만 했다.

그러나 모두들 다른 방법이 없었다는 것을 잘 알고 있었다.

헤라클레스는 친구들에게 압데로스의 장례식을 성대하게 치러 주자고 제안했다. 그리하여 그들은 구할 수 있는 가장 훌륭한 짐승들을 제단에 바쳤다. 그런 다음 죽은 친구의 이름을 빛내기 위해 체육 대회를 열었다. 또한 그의 이름이 영원히 잊히지 않도록 그곳에 도시를 세우고 '압데라'라고 이름 붙였다.

마침내 영웅들은 일을 무사히 마무리 짓고 배에 올랐다. 그들은 식인 말들과 함께 미케네를 향해 출발했다.

그러나 그들이 아르고스항에 도착하자, 에우리스테우스는 헤라클레스가 식인 말들을 미케네로 데리고 들어오는 것을 막았다.

에우리스테우스는 겁에 질린 목소리로 말했다.

"말을 풀어놓으라고 해. 가고 싶은 곳으로 가게 내버려 두라고 해. 나와 내 궁전에서 먼 곳으로 보내 버리면 어디든 상관없어!"

헤라클레스는 그 말들이 다른 사람에게 더 이상 해를 끼치지 못하도록 멀리, 올림포스산의 비탈진 기슭까지 쫓아 버렸다.

그 말들은 그곳에서 맹수들에게 잡아먹히고 말았다.

헤라클레스가 미케네로 돌아가자 새로운 명령이 벌써 그를 기다리고 있었다.

그는 이번에는 아마존의 여왕인 히폴리테의 허리띠를 가져와야 했다. 그 생각 역시 헤라 여신에게서 나온 것이었다.

헤라는 헤라클레스가 주어진 모든 과업을 성공적으로 마친 것을 보자 에우리스테우스보다 더 약이 올랐다. 그래서 훨씬 더 어려운 일을 찾아내야만 했다.

마침내 그녀는 아마존을 생각해 냈고, 히폴리테의 허리띠도 기억해 냈다. 그러자 헤라의 머릿속에 자기 사원의 여사제이며 에우리스테우스 왕의 딸이기도 한 아드메테가 떠올랐다. 여신은 아드메테의 머릿속에 아마존 여왕의 허리띠를 갖고 싶다는 열망을 가득 채워 놓았다.

그래서 아드메테가 아르고스에 있는 헤라의 사원에 경배하러 갔을 때, 여신은 그녀 앞에 나타나 말했다.

"에우리스테우스의 딸, 아드메테여. 아마존의 여왕 히폴리테가 차고 있는 마법의 허리띠는 전쟁의 신 아레스가 준 것으로 권위와 힘의 상징이니라. 헤라클레스라면 충분히 그것을 가져올 수 있으니, 너는 네 아버지에게로 가서 그에게 명령을 내려 달라고 부탁해라."

아홉 번째 과업/히폴리테의 허리띠

아드메테는 그 허리띠를 얻을 수 있다는 생각에 뛸 듯이 기뻤다. 에우리스테우스는 딸의 부탁을 듣자 그녀보다 더 기뻐했다.

그 자리에서 에우리스테우스는 코프레우스를 불렀다.

"헤라클레스에게 가서 히폴리테의 허리띠를 가져오라고 해라!"

그러나 그의 마음속의 말은 딸의 바람과는 좀 달랐다.

'그놈이 제발 돌아오지 말았으면 좋겠구나. 내 딸이 그 허리띠를 못 차게 되더라도 말이다!'

헤라클레스는 명령을 받자 이 일이 얼마나 어려운 것인지를 금세 알아차렸다. 그는 용감한 친구들을 모아 함께 바다를 건너가기로 마음먹었다. 이번에도 그리스에서 가장 유명한 영웅들이 기꺼이 헤라클레스 편이 되어 목숨을 걸기로 했다.

그들 중에는 아테나 최고의 영웅 테세우스도 있었고, 헤라클레스의 조카인 이올라우스도 있었다. 살라미스에서 온 용감한 젊은이 텔라몬도 있었고, 나중에 아킬레우스의 아버지가 되는 펠레우스도 있었다.

그들이 탄 배는 순풍을 맞으면서 항해해 나가다 첫 번째 도착지로 파로스섬을 택했다. 그곳에서 그들은 첫 번째 위험을 만나게 되었다.

그 섬은 키클라데스 제도에 속해 있었으며, 섬을 다스리는 왕은 알카이오스였다.

헤라클레스의 배가 도착한 그날, 마침 미노스 왕의 세 아들도 그곳에 손님으로 와 있었다. 그들은 외국에서 온 손님이면서도 잘난 척하고 심술궂게 굴면서 마음대로 행동했다.

배에는 물이 없었으므로 헤라클레스는 두 명의 친구를 내려보내 항아리를 채워 오게 했다. 그런데 거기에서 그들은, 나그네들이 필요로 하면 언제든 음식이나 물을 주라는 성스러운 법률에도 불구하고 몰래 따라온 미노스의 아들들에게 살해당하고 말았다.

헤라클레스와 친구들은 갑판에서 그 장면을 보고 분노가 폭발하여 바닷가로 당장 달려갔다. 미노스의 아들들은 자기들이 저지른 죄에 대해 목숨으로 대가를 치렀다.

그러나 싸움은 곧 파로스섬 주민들과의 전쟁으로 커지고 말았다. 헤라클레스와 친구들이 공격해 나가자 그들은 도시의 성벽 안으로 피해 들어갔다.

파로스의 백성들은 싸움의 상대가 막강한 헤라클레스라는 것을 알게 되자, 곧 자신들의 실수를 인정하지 않을 수 없었다. 두 명의 전령이 성벽에 올라가서 트럼펫을 불었다. 그것은 할 말이 있다는 신호였다.

그런 다음 한 전령이 소리쳤다.

"헤라클레스여, 우리의 왕 알카이오스는 이 전쟁을 원하지 않는다. 왕은 우리 사이에 싸움이 일어난 것을 알자 깊이 슬퍼했다. 미노스의 아들들이 당신의 두 친구를 살해했으니, 이제 왕은 그 대가로 하나의 제안을 내놓는다. 당신이 가장 용감하다고 생각되는 두 명의 파로스 사람을 선택하면, 왕은 그들을 당신의 원정대로 보내주겠노라."

헤라클레스의 대답은 그들 모두를 놀라게 했다.

"그렇다면 내게 알카이오스 왕과 그의 동생인 스테넬로스를 달라. 이 두 사람이 당신 나라에서 가장 용감한 자들이라고 생각한다."

그 말에 모두들 입을 다물었다. 아무도 어떤 일이 일어날지 짐작하지 못했다.

그러나 곧 궁궐의 커다란 문이 열리더니, 알카이오스와 스테넬로스가 씩씩하게 걸어 나와 헤라클레스 앞에 차려 자세로 섰다.

그들은 함께 소리쳤다.

"명령을 내리십시오!"

헤라클레스는 명령을 내리는 대신 두 사람을 팔로 부둥

켜안고 입맞춤을 퍼부었다.

 젊고 대담한 새로운 두 친구가 잃어버린 두 사람의 자리를 대신했다.

 배는 곧 아마존의 땅을 향해 출발했다.

 북쪽으로 방향을 잡은 헤라클레스와 친구들은 헬레스폰토스와 보스포로스를 통과해서 흑해로 나왔다. 소아시아 해변을 따라서 그들은 미시아에 도착했다.

 리코스 왕이 그들을 따뜻하게 맞았다. 궁궐의 커다란 홀에서 호화스러운 잔치가 벌어졌다. 리코스 왕은 한쪽에 미시아의 모든 영주와 함께 앉아 있었고, 헤라클레스는 자신의 일행과 함께 앉아 있었다.

 그들이 먹고 마시고 서로 건배하고 있을 때, 한 병사가 그곳으로 뛰어들어왔다. 그는 먼 길을 달려온 것처럼 보였다. 그는 머리끝에서 발끝까지 땀에 젖어 있었고, 먼지를 뒤집어쓰고 있었다.

미시아의 전투

 "폐하, 헤브리케스 사람들이 침략했습니다! 그들은 지

금 우리 군대를 짓밟고, 닥치는 대로 죽이고, 태우고, 도둑질하면서 이곳을 향해 물밀듯이 진군해 오고 있습니다."

모두들 벌떡 일어섰다. 리코스는 깜짝 놀라 귀족들을 바라보았다. 그들의 얼굴은 모두 창백해졌다.

왕이 소리쳤다.

"우리가 죽어야 한다면 싸우다가 죽자!"

"오, 이럴 수가! 우리가 지다니! 우리의 아내와 자식들은 어떻게 됩니까?"

그게 귀족들의 대답이었다.

헤라클레스는 그들의 절망적인 외침을 중단시켰다. 그는 쩌렁쩌렁한 목소리로 소리쳤다.

"용기를 내시오! 당신들은 혼자가 아니오. 벗들이여, 전쟁터로 나갑시다!"

이 말과 함께 헤라클레스와 친구들은 궁궐 밖으로 달려나가 적들을 맞으러 앞으로 나아갔다. 그들은 곧 전쟁터에 들어섰다. 그들이 나타나자 갑작스럽게 상황이 바뀌었다.

영웅들의 놀라운 공격이 헤브리케스 사람들 사이에 죽

음과 혼란을 불러일으켰다.

영웅들은 리코스 군대에 새로운 용기를 주었다.

적은 패배했다. 그들의 군주는 죽고, 그들 나라의 대부분은 미시아로 넘어갔다. 리코스는 그에 대한 감사로 그 지역을 '헤라클레이아'라고 이름 붙였다.

헤라클레스 일행이 다시 떠나야 할 때가 오자 리코스는 그들의 배 가득히 식량을 채워 주었다. 수많은 군중이 항구로 나와 영웅들에게 신들의 축복이 내리기를 빌었다.

헤라클레스의 배는 앞으로 앞으로 나아갔다. 오랜 여행 끝에 그들은 테르모돈강 어귀에 다다랐다. 이제 강으로 들어가면 곧 아마존의 수도인 테미스킬라에 닿게 될 것이다.

헤라클레스는 키의 손잡이에 기댄 채, 배가 천천히 나아가는 데 따라 그 도시를 찬찬히 살펴보았다.

그는 아마존에 대해 많은 것을 들었다.

아마존

그 이야기들 중 첫 번째는 그들이 전쟁의 신 아레스의

자식이라는 것이었다. 그들은 전쟁의 기술을 자신의 아버지에게서 배웠다. 그런 다음 그것을 자손 대대로, 아니 그들의 딸들에게 가르쳤다. 그들은 남자 없이 모든 일을 해야 했기 때문에, 빠른 말을 타고 칼과 창과 활을 들고 싸우는 데 시간을 보냈다.

그들의 무용담은 온 세상에 퍼져 있었다. 지구의 어떤 군대도 유명한 아마존에게는 대항할 수 없었다.

그들은 소아시아의 모든 곳을 거쳐 카프카스로 들어갔다. 남쪽으로는 시리아까지, 서쪽으로는 트라키아와 에게해의 섬들까지 진출했다. 그들은 심지어 리비아까지도 갔다고 한다.

에페소스, 스미르나, 시레네, 미리나와 시노페 등 많은 도시의 주민들은 자기들의 도시가 아마존에 의해 건설되었다는 것을 자랑스럽게 주장했다.

전쟁을 좋아하는 아마존 여인들은 그 당시 테르모돈강을 둘러싼 지역에서 살고 있었다.

그들은 세 부족으로 나뉘어 세 개의 도시를 가지고 있었다. 수도는 테미스킬라로 히폴리테 여왕이 그곳을 다스렸다. 다른 두 개의 도시는 멜라니페와 안티오페가 다스리고 있었다.

헤라클레스의 배는 이제 바닷가 가까이로 다가갔다. 그곳에는 아마존의 군중이 모여 있었다. 그들 중 대부분은 말을 타고 있었다. 아마도 그들은 단순한 호기심 때문에 그곳에 몰려온 것 같았다. 아니면 어떤 예감이 들어서 모였는지도 몰랐다.

이번 모험은 처음부터 헤라클레스의 마음에 들지 않았다. 그는 아마존 여왕의 허리띠를 가져가기 위해 그들과 전쟁을 치르고 싶은 마음이 전혀 없었다.

'히폴리테에게 허리띠를 달라고 부탁해 보자. 아르테미스에게 부탁해 암사슴을 데려갔던 것처럼.'

헤라클레스는 속으로 그런 생각을 하고 있었다.

잠시 뒤에 그들의 배가 닻을 내렸다. 헤라클레스는 먼저 바닷가에 내렸다. 군중 속에 히폴리테가 있었다. 헤라클레스는 한눈에 그녀를 알아보았다.

히폴리테 역시 용감하게 혼자 배에서 뛰어내려 다가오는 우람한 이방인이 누구인지 짐작하고 있었다. 헤라클레스의 이름은 온 세상에 퍼져 있었기 때문이었다.

히폴리테는 그에 대한 존경심을 보여 주기 위해 말에서 내려 영웅을 맞았다.

헤라클레스는 여왕을 가까이에서 보자 매우 놀랐다. 히폴리테의 피부는 태양에 그을려 진한 갈색이었고, 팔과 다리는 근육으로 울퉁불퉁했기 때문이었다.

이 여인만큼 강해 보이는 남자도 찾기 어려우리라. 그건 다른 아마존 여전사들도 마찬가지였다.

헤라클레스의 친구들은 걱정스러운 눈길로 배에서 그들을 바라보고 있었다.

헤라클레스는 히폴리테의 모습에 당황하여 할 말을 찾지 못하고, 악수를 하기 위해 손만 내밀었다.

히폴리테도 손을 내밀며 말했다.

"알크메네의 아들 헤라클레스여, 당신이 평화롭게 이 땅을 찾았는지, 아니면 전쟁을 위해서 이 땅을 찾았는지 말해 주세요. 평화로운 방문이라면 우리는 당신을 환영합니다. 하지만 전쟁을 위해 온 것이라면 우리는 당신과 맞설 준비가 되어 있지요."

헤라클레스가 대답했다.

"나는 전쟁을 벌인다는 생각은 티끌만큼도 하지 않고 이곳에 왔습니다. 내 자신의 뜻으로 온 것도 아닙니다. 내가 해야 할 열두 가지 과업은 신들의 뜻이지, 내 자신의 선택이 아니거든요. 그것은 미케네의 왕인 에우리스테우스를 통해 내려지는데, 그 겁 많고 비열한 인간은 나를 전염병처럼 증오합니다. 당신이 차고 있는 허리띠를 가져오라고 그가 나를 여기로 보냈지요."

헤라클레스가 온 목적을 말하자 히폴리테는 펄쩍 뛸 듯이 놀랐다. 아마존들의 대열 사이에서도 웅성거림이 퍼져 나갔다.

잠시 죽음과 같은 침묵이 이어졌다. 그들은 모두 히폴리테가 어떤 답변을 할 것인지 기다렸다.

그러나 히폴리테는 대답 대신 질문을 했다.

"에우리스테우스가 당신에게 내 허리띠를 가져오라고 보냈다면, 그는 당신이 살아서는 돌아오지 못하리라 믿었기 때문이겠군요. 그렇지 않나요?"

헤라클레스가 대답했다.

"아마도 당신 추측이 맞을 것이오."

"그렇다면 헤라클레스, 나는 당신에게 내 허리띠를 주겠어요. 당신은 그걸 에우리스테우스에게 가져다주세요."

히폴리테는 이렇게 말하면서 허리띠를 풀어 손에 쥐었다.

아마존과의 싸움

그러나 바로 그 순간 헤라 여신이 끼어들어 히폴리테가 허리띠 주는 일을 방해했다.

헤라는 아마존의 여인으로 변신하여 군중 속으로 들어갔다. 그런 뒤 여왕이 허리띠를 헤라클레스에게 주는 순간 소리쳤다.

"안 됩니다! 우리는 그 허리띠를 포기해서는 안 돼요. 저 사람은 우리의 여왕을 잡아가려고 온 것입니다. 그를 죽여야 해요!"

히폴리테는 아마존 사이에서 분노의 아우성이 터져 나오자 내밀던 손을 멈칫했다.

모두들 활을 뽑아 들었다. 화살 하나가 허공을 가르고 날아왔다. 대담한 아엘라가 헤라클레스를 똑바로 겨누고 쏜 화살이었다. 다시 한번 네메아의 사자 가죽이 헤라클레스를 구해 주었다. 그 화살은 맥없이, 아무런 상처도 입히지 못한 채 튕겨 나갔다.

그것은 전쟁의 선포였다!

헤라클레스는 보기에도 무시무시한 눈길로 대담한 아엘라를 쏘아보았다. 아엘라는 그의 무서운 눈길을 받자 그녀 인생에서 처음으로 적을 피해 달아났다.

아엘라의 발은 몹시 빨랐지만 헤라클레스의 화살은 그녀를 먼지 속의 시체로 눕히고 말았다.

그러는 동안 피에 굶주린 플로토에가 헤라클레스의 세 친구에게 덤벼들어 그들을 순식간에 죽여 버렸다. 그러나 그녀는 승리를 맛볼 시간도 없이 헤라클레스의 칼에 목숨을 잃고 말았다.

다시 여덟 명쯤 되는 아마존이 헤라클레스를 향해 독 묻은 창을 던져 그를 죽이려 했다. 헤라클레스는 커다란 곤봉을 좌우로 휘둘러 마지막 한 사람까지 다 죽여 버

렸다.

옆에 있던 테세우스, 텔라몬, 알카이오스, 스테넬로스가 아마존들 사이로 뛰어들어 그들을 쑥대밭으로 만들었다.

영웅 일행과 맞선 호전적인 아마존 여인들은 마침내 패배를 맛보고 도망쳤다.

그러나 헤라클레스는 멜라니페를, 테세우스는 안티오

페를 포로로 잡았다.

　마지막까지 용감하게 싸우던 아마존들은 마침내 영웅들에게 평화를 빌었다.

　히폴리테는 헤라클레스와 말하려고 앞으로 나왔지만, 이제 그녀는 너무나 기가 죽어 한마디 말도 꺼내지 못했다.

　헤라클레스가 먼저 이야기했다.

"당신이 내게 허리띠를 준다면 멜라니페를 풀어 줄 것이오. 그녀는 나의 포로니까 내 마음대로 할 수 있소. 하지만 안티오페는 테세우스의 포로니 내게는 그녀를 풀어 주라고 명령할 권리가 없소. 테세우스는 그녀를 아테나로 데리고 갈 것이오."

히폴리테는 그 제안을 받아들였다.

헤라클레스는 허리띠를 받았다. 멜라니페는 풀려났고, 안티오페는 아테나의 영웅 테세우스가 데리고 갔다.

테세우스는 헤라클레스가 왜 멜라니페를 데려가지 않는지 의아하게 생각했다. 멜라니페는 여신처럼 아름다웠기 때문이다.

테세우스가 궁금증을 말하자 헤라클레스는 자신의 마음속에 있는 말을 했다.

"안 되지, 테세우스. 나는 내 손에 묻은 끔찍한 죄의 피를 씻어야 한다네. 신들이 명령한 이 과업을 수행하는 것만으로는 충분치 않아. 나는 내가 왜 그런 짓을 했는지 잠시라도 잊어서는 안 되네. 그래야만 아이들을 부당하게 죽인 일을 용서받을 수 있을 거야."

마침내 영웅들은 모두 배에 올랐고, 다시 미케네로 돌아가는 긴 여행길에 나섰다.

트로이에서

그들은 가는 길에 트로이에 들렀다.

그때 트로이는 라오메돈 왕이 다스리고 있었다. 그들이 항구로 들어섰을 때, 눈앞에 믿기지 않는 광경이 나타났다. 한 아름다운 처녀가 바위에 묶여 있었고, 그녀의 발치에는 파도가 부서지고 있었다. 그들은 곧 그 까닭을 알게 되었다.

제우스가 아폴론과 포세이돈에게 트로이의 성벽 쌓는 일을 도우라고 명령을 내린 적이 있었다. 그것은 라오메돈을 중요하게 생각한다는 의미였다. 그러나 그 존중은, 애통하게도 잘못 짚은 것이었다.

두 신은 무거운 마음으로 그 일을 했다. 그들은 라오메돈이 잔혹하고 감사를 모르는 인간이라는 것을 들어서 알고 있었기 때문이었다.

그들은 그 말의 진실을 직접 알아보기 위해 라오메돈

앞에 신이 아닌 평범한 인간으로 나타났다. 그러고는 어떤 군대도 침입할 수 없는 튼튼한 성벽을 쌓아 줄 테니 암소 100마리를 달라고 말했다.

라오메돈은 그들의 제안을 기꺼이 받아들였다.

그러나 성벽이 다 지어지고 신들이 약속대로 대가를 달라고 요구하자, 라오메돈은 그들을 가장 치사한 방법으로 물리쳤다.

라오메돈이 소리 질렀다.

"내 눈앞에서 당장 꺼져 버려라. 내가 너희들의 손과 발을 묶어 노예로 팔아 버리기 전에!"

"그렇군. 이것이 라오메돈이란 인간이다. 우리가 생각한 대로다!"

두 신은 서로 말하면서 라오메돈을 혹독하게 벌주기로 마음먹었다.

아폴론은 도시에 전염병을 퍼뜨렸다. 포세이돈은 바다의 괴물을 풀어 놓아 바닷가로 다가오는 것이면 무엇이든 잡아먹게 했다. 끝없이 문제가 생기자 절망에 빠진 트로이 시민들은 어떻게 해야 자기들에게 떨어진 재앙을 물리칠 수 있는지 알아보러 사원으로 갔다.

그들이 받은 신탁은, 라오메돈의 딸인 사랑스러운 헤시오네를 바다 괴물에게 제물로 바치라는 것이었다.

헤시오네는 라오메돈 왕이 세상에서 유일하게 사랑하는 사람이었다. 그는 딸을 바치기를 거부했다. 그 대신 평범한 백성들에게서 세 명의 소녀를 뽑아 괴물에게 먹히게 했다.

그러자 그 도시에 내린 저주는 더욱더 극성을 부렸다.

시민들은 하나같이 왕의 부당한 결정에 반발했다. 그들은 모두 자신의 딸을 숨겼다.

라오메돈이 기껏 찾아낸 것은 '포이노다마스'라는 가난한 사람의 세 딸뿐이었다. 그는 이들을 강제로 데려가려고 했다.

그러나 포이노다마스는 용감하게 자신의 딸들을 지켜냈다. 아무도 왕을 도우려 하지 않았기 때문에 라오메돈은 그들을 체포할 수 없었다.

헤시오네

마침내 트로이의 모든 소녀 중에서 제비를 뽑기로 결정이 내려졌다.

그러나 여기서 다시 운명은 라오메돈을 선택했다. 제비가 헤시오네에게 걸린 것이다.

더 이상은 라오메돈도 어쩔 수가 없었다.

그는 딸을 포기했다. 헤시오네는 바위에 묶여 끔찍한 괴물에 의해 산산조각으로 찢겨 나갈 것이었다. 이것이 바로 영웅들이 트로이 항구에 들어섰을 때 만난 광경이었다.

헤라클레스는 그 이야기를 듣고나서, 한 가지 조건을 들어주면 자신이 바다 괴물을 죽이겠다고 제안했다. 그는 라오메돈이 과연 자신의 약속을 지킬 만큼 좋은 인간이 되는지 알고 싶었다.

헤라클레스가 라오메돈에게 말했다.

"만약 성공한다면 당신의 전차에 매어 놓은 두 마리 말을 내게 주시오."

헤라클레스가 요구한 말은 제우스가 라오메돈에게 직

접 선물한 것으로, 눈처럼 하얗고 눈부시게 아름다운 말이었다.

라오메돈은 절망에 빠져 머리를 흔들면서도 그에 동의했다. 아무도 인간이 그런 괴물을 죽일 수 있으리라고는 믿지 않았다.

하지만 헤라클레스는 그 끔찍한 바다 괴물을 죽였다.

영웅 텔라몬은 사랑스러운 헤시오네에게 달려가 그녀를 풀어 주고 조심스레 바닷가로 데리고 왔다.

그러나 라오메돈은 여전히 은혜를 모르는 야비한 인간이었다. 그는 뻔뻔스럽게도 자신의 약속을 지키지 않았다.

"이 일에 대해 당신은 비싸게 대가를 치를 거요. 나는 완수해야 할 다른 의무가 있어 떠나지만 결코 당신을 잊지 않겠소. 나는 군대를 끌고 반드시 돌아올 것이오. 그때는 당신을 가만두지 않을 것이오!"

헤라클레스는 이 말을 남기고 친구들과 배를 타고 떠났다.

모두들 그 일에 대해 분개했다. 오직 텔라몬만이 그 일에 관심이 없었다.

그는 헤시오네를 사랑하게 된 것이다. 그들이 떠날 때

텔라몬은 돌아서서 헤시오네의 눈을 보았다. 헤라클레스가 반드시 돌아오겠다고 단호하게 약속하자 그의 가슴은 기쁨으로 가득 찼다. 다시 돌아올 그날, 그는 맨 앞에서 돌아오는 자일 것이다.

일행의 다음 항구는 타소스였다. 거기서 그들은 트라키아에서 온 야만적인 부족이 그 섬을 휩쓸어 주민들을 공포의 도가니로 몰아넣고 있다는 사실을 알게 되었다.

헤라클레스는 이 부족민에게 전쟁을 선포하고 그들을 몰아냈다. 그런 다음 그는 파로스섬에서 데려온 두 형제 알카이오스와 스테넬로스에게 섬을 넘겨 주었다. 그것은 알맞은 보상이었다. 그들은 헤라클레스를 위해 정말 열심히 싸웠다.

헤라클레스와 남은 친구들은 그제야 미케네를 향해 닻을 올렸다. 그들은 항구에 도착하자 각각 작별 인사를 하고 자기들의 고향으로 떠났다.

허리띠를 손에 쥔 헤라클레스만 에우리스테우스의 궁궐로 향했다. 비겁하고 작은 허풍쟁이 왕이 헤라클레스를 자기 앞에 나타나지 못하도록 했지만, 이번에 헤라클레스는 누구에게도 물어보지 않고 안으로 들어갔다. 아무도 그를 멈추게 할 수 없었다.

헤라클레스는 커다란 홀을 향해 똑바로 갔다. 그는 이중의 문을 거칠게 밀고 히폴리테의 허리띠를 든 채 앞으로 나아갔다.

그를 처음으로 본 사람은 아드메테였다. 그녀는 헤라클레스의 손에 들린 것을 보자 놀라움과 기쁨으로 환호성을 질렀다. 딸이 환호성 지르는 이유를 알려고 에우리스테우스가 몸을 돌린 순간, 그는 그 자리에서 숨이 멎을 만큼 놀랐다.

헤라클레스가 자신의 원정대를 끌고 떠난 지 너무도 오랜 시간이 흘렀던 때였다.

하지만 헤라클레스가 직접 나타났으니 에우리스테우스도 그가 돌아왔다는 사실을 받아들이지 않을 수가 없었다.

그는 분노와 공포로 부들부들 떨면서 소리치기 시작했다.

"나가! 나가!"

그러나 그 자리를 먼저 박차고 나간 것은 에우리스테우스였다. 그는 궁전 지하실로 통하는 작은 옆문으로 달아났다.

그런 다음 거기서 어느 정도 공포가 가시자 에우리스테우스는 헤라클레스에게 다음에는 어떤 작전을 쓸 것인가를 곰곰이 궁리했다.

헤라의 도움으로 그는 마침내 답을 찾아냈다.

과업을 완수하다

열 번째 과업/게리오네우스의 소 떼

에우리스테우스는 헤라클레스를 대서양 건너 세상에서 가장 먼 곳인 에리테이아섬으로 보내기로 했다. 거기에는 거인 게리오네우스가 기르는 소 떼가 있었다. 헤라클레스는 그 소 떼를 데리고 미케네로 돌아와야 했다.

앞서 해낸 어떤 과업도 이렇게까지 힘들고 위험한 일은 없었다.

에우리스테우스는 그 일에 얼마나 무시무시한 장애물이 많은지 잘 알고 있었다. 그래서 이번에야말로 헤라클레스를 마지막으로 보는 게 될 거라고 자신했다.

게리오네우스는 크리사오르의 아들로, 허리 위에 몸뚱이가 세 개나 달린 괴물이었다.

그는 세 개의 머리와 여섯 개의 팔을 가지고 있었다. 그리고 세 개의 투구를 쓰고, 어떤 날카로운 창도 뚫을 수 없는 엄청나게 강한 세 개의 방패로 몸을 보호하고 있어 마치 세 명의 전사가 무장한 것처럼 보였다.

게리오네우스가 가진 소 떼 역시 이 세상에 다시 없는 종류였다.

진한 적갈색의 소들은 고상한 모습의 머리에 넓은 이마와 날씬하고 우아한 다리를 가지고 있었다.

그 소 떼를 지키는 목동은 거인 에우리티온이었다. 그리고 소 떼를 지키는 개는 '오르트로스'라는 사나운 감시견이었는데, 그 개는 하데스의 저승 문을 지키는 무시무시한 개 케르베로스와 형제였다.

오르트로스는 머리가 두 개 달렸으며, 턱 속에는 뾰족한 송곳니들이 촘촘히 박혀 있었다. 게다가 꼬리 끝은 용의 머리로 되어 있었다.

게리오네우스의 목소리에는 믿어지지 않는 힘이 깃들어 있었다. 아레스가 트로이 전쟁에서 부상을 입었을 때 비명을 질렀는데, 그때 그 비명의 모든 힘을 그가 가져갔기 때문이라고들 했다. 그 소리는 만 명의 전사가 한꺼번에 외치는 소리만큼 귀청이 떨어지게 큰 소리였다.

사나운 벼락이 내려칠 때마다 게리오네우스는 온 힘을 다해 소리 지르기를 좋아했다. 그는 자신의 목소리가 제우스의 천둥소리와 맞먹는다는 것을 매우 자랑스러워했다.

주위가 조용할 때면 게리오네우스는 바다 위로 솟은 바위 위로 올라가서 온 힘을 다해 큰 소리를 질렀다.

"누구든 세상에서 가장 훌륭한 소 떼를 원한다면 나와 씨름을 해 보자. 만약 나를 이긴다면 소 떼를 주겠다!"

그 무시무시한 거인의 목소리는 대양 위를 날아가 멀리 해안까지 퍼져 나갔다.

예전에 몇몇 용감한 전사들이 게리오네우스와 맞붙어 훌륭한 소 떼를 얻어 내려고 한 적도 있었다. 그들은 거인에 대항하여 온 힘을 써 보았지만 어림도 없었다. 그들은 거인에게 쉽게 사람을 죽이는 즐거움만을 선사했을 뿐이다.

헤라클레스가 이번에 맞붙어 싸워야 할 적은 그토록 무서운 상대였다. 거기다 또 다른 여러 가지 문제가 있었다.

헤라클레스는 길고 위험한 이번 여행길은 혼자 다녀오기로 했다.

그는 이탈리아를 지난 뒤에 프랑스 남쪽 바닷가를 따라 스페인으로 곧장 갔다. 마침내 오늘날 지브롤터가 있는 곳에 도착했다.

헤라클레스는 긴 여행길에서 강도, 괴물, 맹수들과 만나 싸워야 했다. 그리고 그는 그 모든 것들을 싸워 물리쳤다. 참으로 어렵고도 어려운 여행이었다.

그러나 만족스러운 면도 있었다. 이제 그가 지나쳐 온 지역들은 여행자들에게 안전한 곳으로 바뀌었기 때문이다.

그 당시에는 지브롤터에서 대서양으로 가는 바닷길이 없었다. 헤라클레스는 새로운 바닷길을 열어 배가 오갈 수 있게 하기로 마음먹었다.

오늘날 그 해협을 지나다 보면 양쪽 면에 하나씩 세워진 두 개의 거대한 바위를 보게 되는데, 그것은 헤라클레스가 항해자를 위한 경계를 표시하기 위해 해안을 지나가면서 쌓아올린 돌멩이들로 이루어진 것이라고 전해진다.

그래서 이 거대한 돌들을 '헤라클레스의 기둥'이라고도 부른다.

태양신의 배를 타고

바닷길 내는 일을 마쳤을 때 헤라클레스의 몸은 온통 땀으로 젖었다. 하루 종일 뜨거운 태양이 이글거렸기 때문이다.

태양신 헬리오스에게 너무나 화가 난 헤라클레스는 신을 놀래 주려고 태양을 향해 활을 겨누었다.

바로 그때 헬리오스는 하늘을 건너는 여행을 막 마치고 돌아와, 자신의 황금 배로 올라타려는 참이었다.

"활을 내려라, 헤라클레스여."

영웅의 용기를 높이 평가한 헬리오스는 화를 내지 않았

다. 부드러운 목소리가 계속 이어졌다.

"네가 가려는 곳이 어디인지 말해 보아라. 나의 도움을 원한다면 도와주리라."

헤라클레스가 대답했다.

"나는 에리테이아섬으로 가야 합니다. 게리오네우스의 소 떼를 에우리스테우스에게 데려가야 하기 때문입니다. 신들이 내게 그렇게 명령했습니다."

헬리오스가 물었다.

"그럼 너는 무슨 수로 대서양을 건너려 하는가?"

"나한테 당신의 배를 주십시오."

헤라클레스가 기다렸다는 듯이 말하자 헬리오스는 크게 웃었다. 그는 기꺼이 헤라클레스에게 자신의 배를 내주었다.

헬리오스가 외쳤다.

"그러나 너무 오래 타지는 말아라. 나는 밤의 여행을 해야만 하고, 정해진 시각에 동쪽에 다다라야 하느니라."

"전속력을 내어 가능한 한 빨리 돌아오겠습니다."

헤라클레스는 배에 오르며 말했다.

헬리오스의 황금 배는 그를 싣고 에리테이아섬으로 재빨리 날아갔다. 헤라클레스는 배를 바위에 묶어 놓고 바닷가에 내렸다. 그러나 두 발자국도 가지 않아 그는 사나운 울음소리에 깜짝 놀라고 말았다.

오르트로스였다. 게리오네우스의 소 떼를 지키는, 머리가 둘 달린 개는 무시무시한 송곳니를 드러내고 헤라클레스를 향해 달려들었다. 개는 헤라클레스를 죽일 기세였다.

헤라클레스는 얼른 몸을 돌려 오르트로스를 간신히 피했다. 그러고는 잠시 숨을 돌리면서 주변을 살폈다. 사자 가죽이 아니었다면 이 사나운 개의 이빨이 헤라클레스의 살갗에 깊이 박혔을 것이다.

헤라클레스는 결코 침착함을 잃지 않았다. 그는 곤봉을 높이 들고 그 무시무시한 짐승이 다시 달려드는 순간을 기다렸다가 엄청난 힘으로 내리쳤다. 두 번 내리칠 필요도 없게 되었다.

그렇게 해서 첫 번째 위협은 처리되었다.

그때 싸우는 소리를 듣고 에우리티온이 달려왔다. 게리

오네우스의 목동인 그는 헤라클레스의 두 배나 되는 체격을 가진 거인이었으며, 그만한 힘을 가지고 있었다.

에우리티온은 오르트로스가 뻗어 있는 것을 보고 화가 나서 거대한 바위를 들어 헤라클레스에게 던지려고 했다. 순간 방심했다면 헤라클레스는 바위에 깔려 죽었을 것이다.

그러나 거인보다 잽싸게 겨눈 화살이 에우리티온의 활짝 벌린 가슴에 날아가 박혔다.

거인은 자신이 들고 있던 바위에 깔려 다시는 일어나지 못했다.

헤라클레스는 급히 소 떼를 배로 몰고 갔다.

그러나 하데스의 목동 중의 하나가 그 광경을 보고 게리오네우스에게 알려 주러 달려갔다.

게리오네우스는 감히 자신과 맞붙어 싸우지도 않고 소 떼를 몰고 간 남자를 벌주기 위해 바닷가로 달려 내려왔다.

게리오네우스와의 싸움

헤라클레스는 게리오네우스를 보자 그 자리에 멈춰 섰다. 그는 듣던 바대로 어떤 용감한 전사라도 기가 죽을 모

습이었다. 게리오네우스는 한 손에는 칼을 들고, 두 번째 손과 세 번째 손에는 창을 들고 있었다. 나머지 다른 손들에는 세 개의 커다란 방패를 들고 있었다.

게리오네우스가 달리자 그의 무기들은 전쟁터에서 맞부딪쳐 나는 것처럼 엄청나게 큰 소리를 냈다. 그는 하늘이 천둥을 쏟아 놓는 것 같은 힘으로 소리를 지르기 시작했다. 헤라클레스가 아닌 다른 사람 같았으면 땅을 흔드는 시끄러운 소리와 무시무시한 모습만으로도 기겁하고 달아났을 것이다.

위대한 영웅 헤라클레스의 용기도 그 순간에는 잠시 흔들렸다.

그러나 그는 침착하게 활을 꺼내 정확히 목표를 노려 쏘았다.

단 한 발의 화살에 끔찍한 거인은 무너지기 시작했다. 그의 머리 중 하나와 그것을 지탱하던 넓은 가슴이 힘없이 옆으로 떨어졌다. 동시에 창 하나와 방패 하나가 땅으로 덜커덕 떨어지면서 두 개의 팔이 힘없이 밑으로 처졌다.

게리오네우스는 두 번째 창을 헤라클레스에게 던지려고 했다. 그러나 그의 죽은 팔이 걸리적거려 제대로 힘을 쓸 수 없었다. 헤라클레스에게 기회가 온 것이다.

헤라클레스는 곤봉을 높이 쳐들고 거인의 머리 하나를 내리친 다음 계속해서 다른 머리도 내리쳤다.

그것으로 끝이었다. 게리오네우스는 숨이 끊어져 요란한 소리를 내는 무기와 갑옷들과 함께 땅 위로 쓰러졌다.

헤라클레스가 감히 바랐던 것보다 훨씬 더 위대한 승리였다. 그는 자신의 편이 되어 흔들리지 않고 지켜 준 아테나 여신에게 감사를 드렸다.

헤라클레스는 게리오네우스의 소 떼를 얼른 황금 배에 싣고, 왔던 길을 되돌아 동쪽으로 대서양을 지나 배를 저어 갔다. 저쪽의 멀고 먼 바닷가에 도착한 그는 헬리오스 신에게 감사하며 배를 돌려주었다.

헤라클레스는 다시 미케네로 향하는 길고 어려운 여행 길에 올랐다.

리그리아의 전투

헤라클레스는 다시 스페인을 지나 남프랑스로 들어섰다. 그곳에서 두 명의 산적이 그의 소 떼를 훔쳐 가는 일이 생겼다. 헤라클레스는 그들을 잡아서 둘 다 죽이고 소 떼를 되찾았다.

그러나 그 길을 따라 조금 더 가자, 죽은 산적들의 형제인 리그리아의 왕 리기스가 군대를 이끌고 그를 기다리고 있었다. 리기스는 소 떼와 자기 형제들의 죽음에 대한 복수를 원했다.

싸움은 헤라클레스가 지금까지 직면한 일들 중에서 가장 불평등한 것이었다. 그는 혼자 싸워야 했고 그의 화살통은 곧 바닥났다.

게다가 주변 땅이 온통 부드러운 흙이어서 적들에게 던질 돌 하나도 구할 수가 없었다. 헤라클레스는 그보다 더 절망적인 자리에 서 본 적이 없었다.

헤라클레스는 여러 군데 상처를 입어 더 이상 버틸 수 없는 지경에 이르렀다. 이제 그에게는 단 하나의 희망만이 남았다.

헤라클레스는 하늘에 대고 외쳤다.

"아버지 제우스시여! 나는 지금까지 당신의 도움을 단 한 번도 청한 적이 없습니다. 그러나 이 순간만은 당신의 도움이 절실히 필요합니다. 나를 도와 적을 물리쳐 주소서!"

그러자 전능한 제우스는 자신의 아들에 대한 커다란 사랑으로 하늘에서 돌 소나기를 내려보냈다. 헤라클레스는 돌을 집어 적들에게 던져서 자신과 소 떼를 구해 냈다.

실제로 마르세유와 론강 입구 사이에는 신화에서 말하는 장소로 보이는 '돌의 평원'이라 불리는 길게 펼쳐진 땅이 있다.

카쿠스와의 싸움

프랑스와 스페인을 뒤로하고 헤라클레스는 소 떼를 동쪽으로 몰아 이탈리아로 갔다.

뒷날 로마가 들어서게 되는 지역을 지나갈 때였다. '카쿠스'라는 이름의 거인이 가장 훌륭한 황소와 어린 암소 여덟 마리를 훔쳐 가 버렸다. 그는 헤라클레스가 발자국을 따라오는 것을 막기 위해 소를 동굴 속에 숨겨 놓았다.

얼마 지나지 않아 한 마리가 우는 바람에 헤라클레스는 그들이 갇힌 곳을 찾아냈다. 그러나 카쿠스는 도저히 움직일 수 없을 것 같은 커다란 바위들로 동굴 입구를 막아 버렸다. 헤라클레스가 간신히 동굴의 지붕 노릇을 하는 돌들을 치워 내자 동굴은 완전히 드러나고 말았다.

헤라클레스가 나타나자 소름 끼치게 흉측한 거인 카쿠스는 어둠 속에서 소리를 지르며 입에서 뜨거운 불을 내뿜었다. 그런 무서운 모습에도 헤라클레스는 눈도 깜짝하지 않고 맞섰다.

카쿠스는 불의 혀로 그를 태우려고 애썼다. 하지만 헤라클레스가 거인의 목구멍에 재빨리 날카로운 칼을 꽂아 넣자 카쿠스는 한순간에 불길을 다 토해 내고, 자신의 피를 쏟아 놓았다.

헤라클레스는 도둑맞은 소들을 다시 무리로 몰고 가서 계속 길을 나아갔다.

그러나 그것으로 끝나지 않았다.

얼마 더 가지 않아, 잠시 쉬느라고 감시를 소홀히 한 틈에 소 떼 중 한 마리가 바다로 뛰어들어가 시칠리아로 헤엄쳐 건너갔다.

만약 헤파이스토스가 바로 그 순간 그의 앞에 나타나, 돌아올 때까지 소 떼를 지켜 주겠다고 하지 않았더라면 헤라클레스는 길 잃은 소를 영영 찾아 나서지 못했을 것이다.

헤라클레스 대 에릭스

헤라클레스는 시칠리아를 향해 바다를 건너갔다. 거기서 그는 잃어버린 소를 에릭스 왕의 소 떼 중에서 찾아냈다.

헤라클레스가 에릭스 왕에게 자기 소를 달라고 하자 그는 자기와의 씨름에서 이겨야만 돌려주겠다고 말했다. 아무도 그때까지 자신을 이긴 자가 없었기 때문에 에릭스는 당연히 자신이 그 소를 차지하게 될 거라고 자신만만했다.

헤라클레스는 에릭스와의 씨름에서 간단히 이겼다.

그러나 에릭스는 자신이 졌다는 것을 인정하지 않고 소

를 넘겨주려고 하지 않았다. 그러자 헤라클레스는 다시 싸워서 그를 또 눕혔다. 그래도 에릭스는 자신의 패배를 받아들이지 않았다. 세 번째 경기를 하던 중에 그는 죽어버렸다. 헤라클레스는 자신의 소를 되찾았다.

수많은 어려움과 위험을 몇 번이나 더 겪은 다음, 마침내 헤라클레스는 소 떼를 몰고 그리스로 돌아갔다. 이제 미케네까지는 얼마 남지 않았다.

모든 문제가 끝난 것처럼 보이던 바로 그때, 헤라가 소 떼 사이로 등에 한 마리를 집어넣었다. 등에의 독침에 놀란 소들은 거칠게 날뛰며 달아났다.

지칠 줄 모르는 헤라클레스는 소들의 뒤를 쫓았다. 트라키아의 산을 넘고 헬레스폰토스를 지나는 등 그 추적은 오랫동안 계속되었다.

마침내 헤라클레스는 소 떼를 다시 모아 미케네를 향해 출발할 수 있었다.

그러나 헤라클레스가 스트리몬강에 다다랐을 때, 그는 자신이 아직도 다른 어려움과 맞서야 한다는 것을 깨달았다. 그 강은 너무 깊고 넓어서 짐승들은 건너갈 수가 없었다.

　화가 난 헤라클레스는 수많은 돌을 물속에 던져 넣었다. 그 바람에 스트리몬강은 더 이상 배가 지나다닐 수 없게 되어 버렸다.

　스트리몬강은 헤라클레스의 길에 놓인 마지막 장애물이었다. 그가 소 떼를 끌고 강을 무사히 건넌 다음에도 아직도 미케네까지는 먼 길이 남아 있었다. 그러나 그 거리는 그가 지금까지 겪어 온 위험과 어려움에 견주면 아무것도 아니었다.

　헤라클레스는 마지막으로 위대한 고향을 향해 길을 떠났고, 드디어 이 몸서리쳐지는 여행의 끝에 다다르게 되었다.

　에우리스테우스는 이제 세상에서 가장 훌륭한 눈부신 소 떼의 주인이 되었지만 조금도 기쁘지 않았다. 실제로 소 떼를 보자 그는 너무도 속이 상해서 소 떼 전체를 헤라 여신에게 제물로 바쳐 버리고 말았다.

　헤라클레스를 세상 끝으로 보내 버리기 위해 가장 두려운 괴물들에 대항하여 싸우는 위험 속으로 내몰았는데도 그는 오히려 승리하여 돌아왔다.

그 생각만 하면 에우리스테우스는 견딜 수가 없었다. 이제 그를 어디로 보낼 수 있단 말인가? 과연 더 어려운 과제가 있기는 한 걸까?

열한 번째 과제/헤스페리스의 사과

에우리스테우스와 마찬가지로 헤라의 분노도 점점 커졌다.

헤라가 말했다.

"좋다! 그렇다면 이번에 우리는 그에게 황금 사과 세 개를 가져오라고 시키자. 그 사과는 대지의 여신 가이아가 내게 결혼 선물로 준 사과나무에 열리는 열매다.

헤라클레스는 그 사과를 찾아 헤매고 다니겠지만 절대로 그 나무를 찾아내지 못한다. 그는 쫓기는 사람처럼 온 세상을 떠돌 것이며, 피할 수 없는 적들을 내내 만날 것이다. 설사 그가 사과나무를 숨겨 놓은 곳을 알게 된다 할지라도, 그 나무는 철저하게 지켜지고 있으니까 그가 섣불리 덤볐다가는 목숨만 잃게 될 것이다.

나는 라돈이란 용한테 그것을 지키도록 해 놓았거든. 이 세상에 단 한 마리밖에 없는 그 괴물은 쓰러지는 일이 절대 없다. 그것은 불사신이니까. 자, 헤라클레스여. 출발하라! 이제 영광으로 빛나는 과업이 네 앞에 있다. 하지만 그 왕관을 쓰게 되는 일은 결코 없으리라. 그것은 절대 불가능한 일이니까!"

"헤라클레스여, 출발하라! 이제야 우리 중 누가 더 훌륭한 인간인지 알게 될 것이다!"

에우리스테우스는 메아리처럼 되풀이했다. 그는 자신감에 가득 찬 쩌렁쩌렁한 목소리로 명령했다. 그도 그럴 것이 헤라클레스는 그 소리가 들리는 곳에 없었다! 헤라클레스가 곁에 있다면 엄두도 못 냈을 것이다.

헤라클레스는 다음 과제를 위해 떠나야 했다.

하지만 그는 대체 어디로 가야 하는지도 몰랐다. 누구를 붙잡고 물어봐도 쓸모 있는 정보를 한 조각도 얻을 수 없었다.

헤라클레스는 어디로 가야 할지도 모른 채 떠돌아다니다 테살리아로 들어가게 되었다. 거기서 그는 전쟁의 신

아레스와 그의 아들인 피에 굶주린 킥노스를 만나게 되었다.

그는 전투에서 둘 다 패배시켰다.

킥노스는 죽었고, 죽지 않는 신인 아레스는 상처만 입었지만 그 상처가 워낙 깊어서 고통으로 비명을 지르며 도망갔다.

네레우스의 비밀

그 일이 있고도 헤라클레스는 가던 길을 계속 갔다. 일리리아를 지나고 이탈리아 북부를 지났다.

그는 결국 포강에 이르렀다. 강가 둑 위에 요정들이 모여 자고 있는 게 보였다. 지금까지 쭉 그래 왔듯이 헤라클레스는 그들을 깨워 혹시 헤라의 사과나무에 대해 아는 것이 있는지 물었다.

그가 예상한 대로 요정들은 그 나무가 어디 있는지 말해 줄 수 없었다. 여신이 그 나무를 신들과 사람들의 눈에서 꼭꼭 숨겨 놓았기 때문이었다. 그러나 그들은 한 가지 사실을 말해 주었다.

"당신이 찾는 사과나무가 어디 있는지 아는 자가 딱 하나 있어요. 그는 위대한 예언자예요. 바로 늙은 바다의 신 네레우스랍니다."

헤라클레스는 강의 요정에게 물었다.

"그러나 그가 내게 그곳을 말해 주려 할까요?"

"절대로 말하려 들지 않을 테지요."

그것이 요정의 대답이었다.

"그럼 어떻게 날 좀 도와줄 수 없나요?"

"내가 무엇을 말할 수 있겠어요? 우리는 당신에게 우리가 아는 모든 걸 말했어요."

이제 헤라클레스의 문제는 어떻게 네레우스의 비밀을 그에게서 교묘히 캐내느냐 하는 것이었다.

그가 요정에게 물었다.

"당신은 적어도 내가 어디 가면 네레우스를 찾을 수 있을지는 말해 줄 수 있겠지요?"

"물론이지요. 강을 따라 바다까지 쭉 내려가면 동굴이 하나 있을 거예요. 거기가 그 위대한 예언자가 사는 곳이에요. 그런데 당신은 무엇을 바라는 거예요?"

"나는 네레우스와 맞붙어서, 내가 알고 싶어 하는 것을 얻어 낼 것입니다."

강의 요정은 소리 내어 웃었다.

"당신이 원한다면 그와 겨뤄 보세요. 하지만 절대로 그를 패배시킬 수는 없을 거예요."

헤라클레스가 반박했다.

"나는 세상에서 가장 무서운 괴물들과도 싸워서 무찔렀어요. 당신은 내가 늙은 네레우스를 이기지 못할 거라 생각해요?"

"그에게서 비밀을 캐내는 게 그렇게 쉽다면, 헤라가 절대로 네레우스에게만 그걸 알려 주지 않았겠지요. 당신이 네레우스에게 손을 대자마자 그는 뱀으로 변해 당신의 손아귀에서 스르르 빠져나갈 거예요. 당신이 그 뱀을 잡으면 다시 새가 되어 당신 손에서 날아갈 거고요. 당신이 그 새를 올가미로 묶으면 그것은 물로 녹아서 목마른 대지로 빨려 들어가 버릴 거예요. 아니면 단순히 공기로 변해 사라지든가.

쓸데없이 네레우스와 싸우느라 시간을 낭비하지 말아

요. 그래 봤자 아무것도 얻지 못할 테니까. 헤라클레스여, 진실을 받아들여요. 당신은 그 황금 사과나무가 숨어 있는 곳을 영원히 찾아내지 못할 거예요."

풀이 죽은 헤라클레스는 강의 요정에게 작별 인사를 하고 네레우스를 찾아 나섰다. 설사 아무것도 얻지 못하는 한이 있더라도 그것밖에 할 수 있는 일이 없었다.

헤라클레스는 자신의 동굴에서 잠들어 있는 네레우스를 찾아냈다.

"이게 바로 내가 찾던 것이지."

헤라클레스는 옆에 놓인 밧줄을 집어 들며 속삭였다. 그는 밧줄로 늙은 예언자를 묶었다. 처음에는 그가 깨지 않게 가볍게 묶었다. 그런 다음 점점 더 죄어 들어가 마침내는 꼼짝도 못 하게 아주 단단히 죄었다.

네레우스는 잠에서 깨었다. 그는 일어나려고 애썼지만 꼼짝도 할 수 없었다.

자신의 몸을 둘러본 그는 자기가 머리끝부터 발끝까지 밧줄로 친친 동여매진 것을 알았다.

네레우스가 소리쳤다.

"이게 무슨 짓이야? 넌 대체 누구냐?"

"내 이름은 헤라클레스요. 나는 헤라 여신이 제우스 신과 결혼할 때, 대지의 여신에게 선물받은 황금 사과나무가 어디 있는지 알고 싶습니다."

"나는 그걸 너한테 절대로 말하지 않을 테다!"

"그럼 나는 당신의 밧줄을 절대로 풀어 주지 않을 겁니다!"

네레우스는 새끼손가락 하나 움직이지 못하도록 단단히 동여매진 채였다. 다른 모양으로 변해 보려고 해도 꼼짝달싹을 못하니 어찌할 도리가 없었다. 그는 어떻게든 해 보려고 애썼지만 불가능했다. 그 밧줄을 푸는 것 또한 어림도 없는 일이었다.

잠시 동안 네레우스는 화가 나서 말을 잃었다. 그런 다음 그는 자신이 처한 곤경에 대해 곰곰이 생각했다.

그는 마침내 헤라클레스에게 물었다.

"네가 원하는 게 뭐라고 했지?"

"어디 가면 황금 사과나무를 찾을 수 있을지 말해 주시오."

"다른 것은 얼마든지 묻는 대로 다 말해 줄 것이다. 그러나 그것만은 대답해 줄 수 없다!"

"그렇다면 여기 이렇게 밧줄에 묶인 채 굴러다니시죠. 나는 당신의 동굴 입구를 바위로 막아 놓겠습니다. 그럼 당신은 이 안에 갇히게 되겠지요!"

이 말과 함께 헤라클레스는 거대한 돌덩어리를 동굴 입구 쪽으로 굴리기 시작했다.

이제 네레우스에게 무슨 다른 도리가 있겠는가? 그는 말을 해주지 않을 수 없었다.

"네가 찾는 그 사과나무는 헤스페리스의 정원에 있다. 그 정원은 세상의 끝, 프로메테우스의 형제인 아틀라스가 어깨로 하늘을 떠받치고 있는 곳에 있다."

"드디어 내가 가야 할 곳을 알아냈다!"

헤라클레스가 소리쳤다.

네레우스가 그에게 물었다.

"그곳에는 왜 간다는 거냐?"

"황금 사과 세 개를 따 오라고, 신들이 내게 명령했습니다."

"그러나 그건 불가능하다."

"불가능하다고요?"

"그래, 불가능해. 사과나무는 '라돈'이라는 머리가 100개 달린 소름 끼치는 용이 지키고 있기 때문이야. 그러니 너는 나한테 한 것처럼 그 용이 잠들기를 기다려 묶을 생각은 하지 마라. 경고하지만, 라돈의 100개 머리가 한꺼번에 눈을 감는 일은 절대 없어. 한 번에 반씩만 눈을 감거든. 그러니 언제나 50개의 눈은 활짝 떠 있는 채 머리를 꼿꼿이 쳐들고, 어떤 침입자도 헤스페리스의 정원에 발을 들여놓지 못하도록 감시하고 있단 말이야. 들키지 않고 살금살금 기어갈 수도 없어. 그랬다가는 목숨을 건지지 못할 거야.

라돈은 믿을 수 없을 만큼 힘이 세고 누구도 이길 수 없는 용이야. 신들이 지금 가진 네 힘을 두 배로 키워 준다 할지라도 소용없는 일이 될 거야. 라돈 역시 불사신이니까."

네레우스는 헤라클레스에게 용에 대해 자세히 알려 주었다. 그러나 그것이 네레우스가 말해 줄 수 있는 전부였다.

헤라클레스는 네레우스를 풀어 준 다음, 매우 낙담하여 길을 떠났다. 그는 사과나무가 어디 있는지는 알았지만 어떻게 해야 그렇게 무시무시한 괴물이 지키는 사과를 따 올 수 있는지는 알 수 없었다. 무엇을 어떻게 해야 할지 종잡을 수가 없었다. 처음으로 그는 자신에게 주어진 일을 해결하러 가고 싶지 않은 마음이 들었다.

헤라클레스는 내키지 않는 마음으로 자신의 발이 이끄는 대로 사과나무가 있다는 곳을 향해 걸었고, 마침내 거칠고 바위투성이인 카프카스에 다다랐다.

프로메테우스와의 만남

헤라클레스는 산 사이를 방황하면서 아득히 먼 곳에서 들려오는 끔찍한 신음 소리를 들었다. 그는 멈춰 서서 조심스럽게 귀를 기울였다. 누군가가 엄청난 고통으로 괴로워하면서 도움을 요청하고 있었다.

놀랍게도 어딘가에서 자신의 이름을 부르는 여자들의 목소리도 들려왔다.

헤라클레스는 목소리가 들리는 방향으로 달려갔다. 그

러고는 더 잘 보기 위해 바위 위로 올라갔다. 그 위에서 내려다보니 한 무리의 여자들이 자기를 향해 팔을 뻗치며 도와달라고 외치고 있었다. 헤라클레스는 그들이 누구인지 알아차렸다. 그들은 은빛 머리를 한 오케아노스의 딸인 오케아니스들이었다.

헤라클레스는 그들을 향해 달려갔다. 하지만 몇 발 자국 더 다가갔을 때, 그는 정말로 무시무시한 광경을 보게 되었다. 인간의 가장 충실한 친구인 거인 프로메테우스가 사슬에 묶여서 바위에 못 박혀 매달린 채, 신들과 인간들이 지금까지 알고 있는 가장 끔찍한 고통을 겪어 내고 있었다.

헤라클레스가 그 장면을 공포에 질려서 보고 있을 때, 거대한 독수리 한 마리가 나타났다. 그러고는 잔인한 부리를 활짝 벌려, 매달려 있는 프로메테우스를 덮쳤다.

헤라클레스가 어떻게 그 독수리를 죽이고 인내심 많은 프로메테우스를 사슬에서 풀어 주었는지는 이미 앞 권에서 이야기했다. 그것은 헤라클레스가 전 생애 동안 한 일 중에서 가장 훌륭하고 고귀한 행동이었다.

헤라클레스가 프로메테우스를 자유롭게 놓아주고 그에게 작별 인사를 했을 때, 프로메테우스는 자기를 풀어 준 영웅에게 어디로 가는지 물었다.

"나의 전 생애는 위대한 과업 달성과 엄청난 고통이라는 긴 사슬에 매여 있습니다. 나는 지금껏 한 번도 희망을 잃지 않았는데, 이번만은 절망스럽습니다."

우울한 답변이었다.

헤라클레스는 주저앉아 프로메테우스에게 자신의 문제들을 모두 말하고 어깨를 으쓱했다.

"그래도 가서 라돈과 맞붙어야겠지요. 결과야 어떻든."

프로메테우스가 대답했다.

"내 말을 잘 들어라, 헤라클레스여. 나는 예언자라서 잘 알고 있다. 네레우스가 너에게 말했듯이, 헤스페리스의 정원에서 사과들을 지키는 그 용은 절대로 이겨 낼 수 없다. 그것은 정말로 불사신이기 때문이다. 그런 짓은 하지 말아라. 굳이 그렇게 한다면 너는 목숨을 잃게 될 것이다. 자, 내가 너한테 한 가지 물어볼 테니 대답해 보아라. 너는 어깨 위에 하늘을 떠받치는 일을 할 수 있겠느냐? 내가 말하는 힘은 진정 엄청난 힘이다. 지금까지 아틀라스 말고는 그 누구도 그런 짐을 질 수 없었다."

헤라클레스는 단정적으로 대답했다.

"필요하다면 할 수 있습니다!"

"그렇다면 아틀라스 대신 하늘을 짊어져 주고, 그를 보내 너한테 사과를 가져오게 하라. 그는 라돈에게 낯선 자가 아니기 때문에 해를 입지 않을 것이다. 그러나 조심해라! 아틀라스는 꾀가 많은 녀석이다. 바로 내 형제이기 때문에 잘 안다. 그가 너로 하여금 하늘을 영원히 짊어지게 놔두고 내빼지 않도록 조심해라!"

프로메테우스는 헤라클레스가 지금껏 찾아내려 한 해답을 주었다.

그러자 헤라클레스의 기분은 금세 밝아졌다. 그 일을 하려면 동쪽에서 서쪽까지 세상을 건너가는 긴 여행을 해야 했다. 하지만 그는 즉시 출발했다.

이제 헤라클레스는 자신의 운명만이 아니라 거기 도착하여 무엇을 해야 할지도 확실히 알고 있었다.

제우스에게 바쳐진 헤라클레스

늘 그랬듯이 헤라클레스가 가는 곳마다 위험이 기다리고 있었다.

이집트를 지나던 중 그가 지쳐 쓰러져 나무 밑에서 막 잠들려 할 때였다.

갑자기 병사들이 달려와 그를 묶고 그들의 왕인 부시리스에게 데려가는 바람에 헤라클레스는 깜짝 놀라고 말았다.

부시리스 왕은 그를 머리부터 발끝까지 조사한 다음 더 세게 묶으라고 명령했다. 그렇게 한 다음에 말했다.

"내일 우리는 너를 제우스 신의 제단에 바칠 것이다."

"왜 나를?"

헤라클레스는 너무도 놀라서 물었다.

"저자를 데려가라!"

부시리스 왕은 단지 그 말만 했다.

헤라클레스는 그날 밤에야 보초들을 통해서 그 이유를 알았다.

9년 전 이집트에는 엄청난 재앙이 일어났다. 농작물이

자라지 않아 배고픔에 시달린 백성들은 모두 죽을 위기에 빠졌다.

바로 그때 키프로스에서 '프라시오스'라는 예언자가 왔다. 부시리스 왕은 그를 불러 어떻게 해야 그 땅에 내려진 저주가 거둬질 수 있는지 물었다.

프라시오스가 대답했다.

"해마다 외국인 한 명씩을 제우스 신에게 바쳐야만 합니다."

부시리스는 프라시오스의 말을 듣자마자 그 기회를 놓치지 않고 병사들에게 소리를 질렀다.

"여기 서 있는 이 예언자를 묶어라! 그는 제우스 신에게 바치는 첫 번째 외국인 제물이 될 것이다!"

프라시오스는 그 자리에서 묶였다.

그는 다른 자들의 미래를 예언하는 데는 뛰어났다. 하지만 자기 자신의 문제는 모르고 있었다. 평범한 상식이 예언보다 더 중요하다는 사실을 간과한 것이다.

이것이 뛰어난 예언자의 최후였다.

그때부터 그들은 해마다 외국인을 제물로 바쳤고, 이번

에 걸려든 사람이 헤라클레스였다.

다음 날, 헤라클레스는 여전히 꽁꽁 묶인 채 제우스 제단으로 끌려갔다.

제단 앞에서 눈부신 의식이 열렸다. 병사와 사제들, 왕자와 공주들 그리고 수많은 백성이 몰려와 있었다. 높은 왕좌에는 부시리스 왕이 앉아 있었다.

심벌즈가 부딪치고, 노래가 울리고, 악기들이 연주되었다. 그것은 화려하고 인상적인 의식이었다.

그러나 그 의식은 끝에 가서 갑자기 살벌하게 변했다.

최고의 사제가 헤라클레스를 찌르기 위해 칼을 쳐든 바로 그 순간이었다. 헤라클레스는 자신의 강한 팔다리에 힘을 주었다. 그러자 그를 묶은 밧줄들이 실처럼 툭툭 끊겨 나갔다.

그는 분노에 찬 무서운 주먹을 꽉 쥐고 맨 처음 사제를 쳤다. 그다음에 부시리스와 그의 어린 아들을 쳤다. 세 사람은 모두 죽어서 땅에 쓰러졌다.

병사들과 백성들은 공포에 질렸다. 이방인의 놀라운 힘을 보고 그들은 모두 달아났다. 그들 중 단 한 명도 감히 헤라클레스에게 덤비지 못했다.

신성한 사원 안은 마술처럼 싹 비워져 버려 헤라클레스 혼자 남게 되었다. 다시 자유로워진 그는 재빨리 헤스페리스의 정원을 향해 여행을 계속했다.

안타이오스와의 싸움

헤라클레스가 리비아를 지나 저녁마다 찬란하게 해가 지는 서쪽 지방으로 가고 있을 때였다. 그는 '안타이오스'라는 잔인한 거인과 마주쳤다. 이 거인은 대지의 여신 가이아의 아들이었다.

가이아는 아무리 사악한 아들일지라도 자신의 자식들을 모두 똑같이 사랑했다.

안타이오스는 믿을 수 없을 만큼 힘이 센 거인이었다. 그는 모든 행인과 강제로 씨름판을 벌여 죽게 만들었다. 가이아는 행여나 자기 아들이 다칠까 두려워, 그가 싸울 때면 보이지 않는 방법으로 그를 도왔다. 안타이오스의 몸이 땅에 닿기라도 하면 가이아는 그에게 더 많은 힘을 불어넣어 주었다. 그래서 안타이오스는 아무리 오래 싸워도 절대 피곤해지지 않았고 싸움에서 지는 법이 없었다.

안타이오스는 헤라클레스를 보자마자 싸움을 걸어 왔다.

안타이오스가 어머니인 대지로부터 힘을 끌어낸다는 것을 알지 못한 헤라클레스는 그에 대항해 오래도록 힘들게 싸웠으나 헛수고만 했다. 헤라클레스가 안타이오스를 땅바닥에 내던질수록 매번 싸움판은 그에게 불리해졌다. 안타이오스는 쓰러질 때마다 갑자기 새로워진 힘으로 벌떡 일어나서 헤라클레스에게 달려들었다.

헤라클레스는 당황했다. 그를 거의 다 무찔러서 쓰러뜨릴 때마다 이 거인은 어디서 이런 굉장한 힘을 다시 얻는 것일까?

그때 헤라클레스의 머릿속에 자신의 상대가 대지의 여신 가이아의 아들이라는 사실이 떠올랐다. 그가 어머니의 가슴에 안기는 시간이 길면 길수록 어머니로부터 생명력을 더 받게 된다는 것을 깨달았다.

헤라클레스는 안타이오스를 팔로 안아 번쩍 들어 올려 그의 몸이 전혀 땅에 닿지 못하게 만들었다. 안타이오스

는 벗어나려고 온 힘을 다해 절망적으로 몸부림쳤다.

그렇게 그의 힘이 다 빠져나가자 이 무서운 거인은 마

침내 자신의 운명을 만나게 되었다.

그때부터 수천 년이 흘렀지만 인간은 아직도 안타이오스의 신화를 이야기한다. 왜냐하면 그는 두 발을 땅에 단단히 붙인 모든 사람들, 진실에 바탕을 두고 동료의 사랑에서 힘을 끌어내는 모든 사람들은 아무도 꺾을 수 없다는 진리를 아주 딱 맞게 떠올려 주는 경우이기 때문이다.

반면에 이러한 확실한 기초를 갖지 못한 자들은 반드시 패배하게 되어 있고, 언젠가는 사라지게 될 운명이라는 사실도.

아틀라스와 함께

안타이오스를 이긴 다음 헤라클레스는 더욱 속도를 내어 세상의 가장 끝을 향해 서쪽으로 서쪽으로 갔다.

거기에는 셀 수도 없는 오랜 세월 동안, 거인 아틀라스가 하늘이라는 무거운 짐을 어깨 위에 짊어진 채 견뎌 내고 있었다. 그의 유일한 친구는 헤스페로스의 딸들인 헤스페리스들과 밤의 신이었다. 헤스페리스의 정원 옆에 헤라의 황금 사과나무가 있었다.

아틀라스는 저 멀리에서 헤라클레스가 오는 것을 보고 깜짝 놀랐다. 이렇게 멀리까지 인간이 모험을 한 경우는 한 번도 없었기 때문이었다.

아틀라스는 헤라클레스를 환영하며 그가 왜 이렇게 먼 여행을 해야 했는지 물었다.

헤라클레스가 대답했다.

"나는 헤스페리스의 정원에서 황금 사과 세 개를 따 가려고 왔습니다. 그것을 에우리스테우스에게 가져다주는 게 내 의무이기 때문입니다."

아틀라스가 물었다.

"그런데 어떻게 그걸 따 가지? 너는 누가 황금 사과나무를 지키는지 알고 있나?"

"압니다. 그래서 이리로 온 것입니다."

"내가 뭘 도와줄 수 있을까? 사실 내가 가서 그걸 따다 너한테 가져다주고 싶은 마음이야 굴뚝같지. 한순간의 휴식이라도 내게는 큰 구원이 될 거야. 하지만 어떤 신도, 어떤 인간도 내가 어깨에 지고 있는 이 엄청난 하늘의 무게를 견뎌 낼 수가 없단 말이야."

아틀라스는 어깨를 으쓱했다.

"나는 할 수 있습니다."

"네가 할 수만 있다면야 나는 영원히 너한테 감사하게 될 거야. 하지만 만약 못 해내면 하늘이 무너지는 거란 말야. 세상이 끝장난다구."

"나는 할 수 있다고 당신에게 말했습니다."

"자신 있게 말하는군. 그럼 널 믿어 보지. 좋아, 그러면 어디 한번 해 봐!"

어느새 헤라클레스는 아틀라스의 자리에 들어가서 팔과 어깨로 하늘을 받쳐 든 채 몸을 숙이고 있었다. 아틀라스는 어깨를 털썩 내렸다.

헤라클레스는 온 힘을 다해 팔과 다리를 버티고 있었다. 그의 놀라운 근육들은 울룩불룩 튀어나왔고 돌덩이처럼 단단하게 되었다. 그의 다리들은 잠시 후들거린 다음에야 자리를 잡았다.

아틀라스는 그 끔찍한 무게가 자기 어깨를 떠난 걸 느꼈다. 그는 몸을 조금 구부려 보았다. 자유가 된 것이다.

놀랍게도 헤라클레스는 그 사이 하늘을 단단하게 꽉 잡

고 버텨 내고 있지 않은가!

오랜 세월 동안 처음으로 아틀라스는 자유롭게 숨을 쉴 수 있었다. 그는 한 마리 새보다 더 가벼워진 걸 느끼면서 기뻐 날뛰며 헤스페리스의 정원으로 달려갔다.

아틀라스는 세 개의 황금 사과를 가지고 돌아왔다. 사과는 태양빛에 반짝반짝 빛났다. 그러나 그는 어깨에 다시 하늘을 지는 일을 서두르지 않았다. 그의 마음속에는 다른 계책이 솟아났다.

"이봐, 헤라클레스, 내가 이 사과들을 에우리스테우스에게 가져다주는 건 어떨까? 금방 갔다 올 수 있거든. 돌아오자마자 너를 구해 줄게."

그리고 아틀라스는 대답도 기다리지 않고 떠나려 했다.

헤라클레스의 머릿속에 프로메테우스의 경고가 떠올랐다. 그 순간 그는 자신이 이 일을 다시 아틀라스에게 넘기고 사과를 얻을 수 있는 방법을 찾아내지 못한다면, 거기서 영원히 하늘을 받쳐 든 채 남겨지리라는 것을 깨달았다.

하늘을 짊어진 아틀라스

교활함에는 오직 그 두 배의 교활함으로만 맞설 수 있었다. 그래서 헤라클레스는 아틀라스에게 말했다.

"부디 그렇게 해 주세요. 나는 무거운 걸 드는 걸 원래 좋아하거든요. 하지만 어깨에 상처가 나는 건 싫군요. 그러니 내가 어깨에 쿠션을 낄 동안만 잠깐 하늘을 들고 계시겠어요?"

아틀라스는 조금도 의심하지 않고 사과를 내려놓은 다음, 어깨 위에 다시 하늘을 짊어졌다.

헤라클레스가 기다리던 순간이었다. 그는 사과를 집어 들고는 아틀라스에게 그 끔찍한 짐을 영원히 남겨 놓은 채 몸을 돌려 온 길로 가 버렸다.

헤라클레스는 헤스페리스의 황금 사과를 무사히 손에 넣은 것을 기뻐하며 그리스로 돌아갔다. 돌아가는 여행길은 대단히 길었는데도 잠깐인 것처럼 지나갔다. 산과 들과 사막과 숲과 강과 바다를 번갈아 지나니 마침내 그의 눈에 미케네가 들어왔다.

스스로도 그렇게 어려운 일을 해낸 게 믿어지지 않았다.

'내가 직접 이 사과들을 에우리스테우스에게 갖다 주어야겠다. 그가 아무리 비명을 질러 대더라도 말이다.'

헤라클레스는 이렇게 마음먹고, 물어보지도 않고 궁궐 안으로 들어갔다.

헤라클레스는 헤스페리스의 황금 사과를 가지고 에우리스테우스 앞에 나타났다.

그를 보자 에우리스테우스는 입을 쫙 벌리고는 비명을 질러 댔다.

"내가 원한 건 그게 아냐! 그게 아니라고! 사과를 가지고 당장 여기서 꺼져 버려!"

헤라클레스가 말했다.

"당신이 이걸 원한 게 아니란 걸 잘 알지. 당신은 다른 때도 그랬듯이 이번에도 다른 결과를 바랐겠지. 나는 단지 당신이 다음에 내릴 명령이 무엇인지 알고 싶을 뿐이야."

에우리스테우스는 얼굴이 종잇장처럼 하얘진 채 말을 하려고 애썼으나, 너무나 두려워서 말이 한마디도 나오지 않았다.

헤라클레스가 떠나가고 시종들이 문을 닫아걸자 그제야 에우리스테우스는 목소리를 되찾았다. 그는 달려가 문을 더 단단히 잠근 다음에야 소리를 질렀다.

"나는 너를 지하 세계로 보낼 것이다. 아무도 돌아오지 못한 그곳으로 말이야. 그게 바로 네가 갈 곳이야!"

에우리스테우스는 자신의 마음에 떠오르는 대로 협박했을 뿐이었다. 그러나 그 말들이 입에서 나오자마자 증오에 불타는 그의 눈이 번쩍거리기 시작했다.

"그래, 바로 그거야! 그를 저승으로 보내는 거야! 그에게 케르베로스를 데려오라고 할 거야. 저승 문을 지키는 그 무시무시한 개를 말이야."

그는 킬킬거리며 웃었다.

이것이 유일하게 그가 생각해서 헤라클레스에게 시킨 과업이었다. 그런데 그것이야말로 가장 악마 같은 명령이었다. 헤라클레스는 수많은 일을 해치우면서 몇 번이나 그 지하 왕국으로 끌려갈 뻔한 것을 가까스로 도망쳐 왔다.

그런데 이번에 그는 바로 거기로 직접 가라는 명령을 받게 되는 것이다.

"명령만 내리면 그는 원하든 원하지 않든 갈 것이다."

에우리스테우스는 기쁨에 겨워 손을 문지르며 혼잣말을 했다.

왕이 그런 계획을 짜는 동안, 헤라클레스는 황금 사과를 아테나에게 바쳤다. 아테나는 황금 사과를 다시 헤스페리스 정원으로 가져다 놓았다. 그곳에 어울리는 것이라 다른 어디에도 맞지 않을 거라는 생각에서였다.

열두 번째 과업/케르베로스

아테네로부터 돌아오는 길에 헤라클레스는 왕의 다음 명령을 전달하는 코프레우스에게 불려 갔다.

이제 그것이 마지막 과업이었다. 그는 저승 세계로 내려가 케르베로스를 데려와야 했다.

헤라클레스는 겁 많고 조그만 왕이 자신을 이번에 어디로 보내려고 하는가를 듣고 조금도 놀라지 않았다. 에우리스테우스가 헤라클레스를 죽음으로 몰고 가기에 그보다 더 확실한 방법은 찾을 수 없었기 때문이었다.

케르베로스는 네메아의 사자와 레르네의 히드라를 만들어 낸 티폰과 에키드나의 또 다른 자식이었다. 오르트로스, 라돈 그리고 많은 소름 끼치는 괴물들 역시 다 그들의 자식이었다.

케르베로스는 머리가 셋 달린 개였다. 또한 꼬리 끝은 용의 머리로 되어 있었다. 게다가 불사신이었다.

케르베로스는 죽은 자가 한 사람도 다시 지상으로 빠져 나가지 못하도록 잠도 자지 않고 저승 문을 지키고 있었다. 만약 누군가 그 문 근처에 다가가기만 해도 케르베로스는 그를 한순간에 꿀꺽 삼켜 버리고 말았다.

헤라클레스는 이 감당하기 어려운 과업을 이루기 위해 사자 가죽으로 온몸을 싸고 활과 곤봉으로 무장한 채 떠났다.

살아 있는 채 저승 세계로 내려가는 것만도 엄청난 일이었다. 게다가 거기서 케르베로스를 산 채로 잡아서 데리고 온다는 것은 인간 상상의 한계를 넘는 일이었다.

제우스마저 자신의 아들에게 부여된 이 마지막 과업을 알았을 때 몹시 걱정했다. 그러나 그가 할 수 있는 일이라고는 헤르메스와 아테나에게 그의 길을 안내해 주라는 부탁 말고는 아무것도 없었다.

타이레토스산 비탈에 있는 동굴로 들어가자 그들 셋은 땅속으로 깊이 빠져들었다. 그런 다음 사람의 발길이 닿지 않은 지하를 몇 시간 동안 걸어가자, 성스러운 스틱스 강 물의 둑에 닿았다.

거기서 그들은 카론을 보았다. 그는 자신의 배로 죽은 자의 영혼을 실어 강을 건네주고 있었다. 그는 살아 있는 헤라클레스를 배에 실으려고 하지 않았지만 헤르메스와 아테나가 명령하자 복종할 수밖에 없었다.

그들이 저쪽 물가에 닿자 케르베로스가 살아 있는 인간의 냄새를 맡고 당장 문으로 뛰어왔다. 보통 그 개는 지하 세계로 들어오는 자에 대해서는 전혀 신경 쓰지 않았지만, 거인만큼 크고 잘 무장된 헤라클레스를 보자 으르렁대며 이를 드러냈다.

그러나 케르베로스는 헤라클레스를 해치려고 하지는 않았다. 헤라클레스는 케르베로스가 달려드는데도 조금도 움직이지 않았다. 아테나는 그에게 지하 세계의 왕 하데스에게 가서 먼저 허락을 얻으라고 충고했다. 허락을 받아 내지 못한다면 그는 도저히 극복할 수 없는 장애물을 만나게 될 거라고 했다.

그들 셋은 저승 문을 지나갔다. 아테나와 헤르메스는 죽지 않는 존재들이었다. 그들은 하데스의 왕국을 잘 알고 있었기에 무엇을 보든 관심이 전혀 없는 것 같았다.

그러나 헤라클레스는 신이 아니었으므로 가만히 있을 수가 없었다. 그가 아무리 용감한 영웅이라 할지라도 자신의 마음에 두려움이 몰려드는 것을 막을 수가 없었다.

끝이 없고 어두운 하데스의 왕국이 그의 앞에 펼쳐져 있었다. 위에는 하늘이 있는 게 아니라 돌로 된 둥글고 커다란 지붕이 덮여 있었다. 어두운 바위 하늘인 셈이었다. 사방에서 흐느낌과 신음 소리가 들려왔다. 그 소리들이 메아리치고, 다시 그 메아리가 메아리쳐서 넓디넓은 곳이 온통 비참한 소리로 가득 차 있었다.

죽은 자의 영혼들이 그를 쳐다보다가 사라지곤 했다. 헤라클레스는 겨우 몇 발자국을 더 걸어 나갔다.

메두사만은 사라지지 않았다. 꿈틀거리는 뱀을 머리카락으로 달고 있는 메두사는 위협적으로 날개를 퍼덕이는 고르곤이었다. 메두사의 뱀들은 이를 갈고 있었으며, 메두사의 소름 끼치는 눈은 꼼짝 않고 헤라클레스를 노려보았다.

헤라클레스는 그 눈과 한순간이라도 마주치면 돌로 변한다는 사실을 알고 있었으므로, 곤봉을 쳐들고 공격할 자세를 취했다.

헤르메스가 그에게 말했다.

"곤봉을 내려라, 헤라클레스여. 메두사는 지금 죽었다. 저것은 예전 메두사의 창백한 그림자일 뿐이다. 메두사는 너에게 어떤 해도 끼치지 못한다."

헤라클레스를 보고도 사라지지 않는 또 다른 죽은 자는 영웅 멜레아그로스였다. 빛나는 갑옷을 입고 있던 그는 헤라클레스를 보자마자 손에 칼을 든 채 달려왔다.

그렇게 무장한 멜레아그로스를 보자 헤라클레스는 그가 자기를 죽이기 위해 헤라가 보낸 자일 거라고 생각하고 활을 당길 준비를 했다.

멜레아그로스는 이 모습을 보자 얼른 잘못을 깨닫고 자신의 칼을 치웠다. 그에게 헤라클레스를 해치겠다는 생각 따위는 없었다.

그가 헤라클레스에게 말했다.

"당신을 해치겠다는 생각은 아예 할 수도 없답니다. 죽은 자는 산 사람을 해칠 수가 없으니까요. 그리고 당신 역시 내게 어떤 해도 입힐 수 없지요. 아무도 두 번 죽지는 않으니까요. 그러나 다른 커다란 악들이 있어요. 그래서 나는 지금까지 사람에게 닥칠 수 있는 가장 큰 불행으로 고통받고 있습니다."

이 말과 함께 그는 주저앉아 자신의 비극적인 이야기를 들려주었다.

그 이야기는, 그를 끔찍이도 사랑한 어머니가 마지막에는 그를 어떻게 죽이려 했는가에 대한 이야기였다. 그리고 어떻게 해서 그를 불멸의 사수이며 절대로 목표물을 놓치는 일이 없는 화살의 주인인 아폴론과 싸우게 했는지도 들려주었다. 그 싸움 끝에 그는 결국 죽어 하데스 왕국으로 내려갔다. 모든 친구들과 아군과 적군을 통틀어 멜레아그로스 같은 전사는 없었기 때문이다.

헤라클레스는 이보다 더 슬픈 이야기를 들은 적이 없었다. 그의 눈에서 자기도 모르게 눈물이 줄줄 흘렀다.

그러나 멜레아그로스의 이야기는 아직 끝나지 않았다.

"아직도 나를 괴롭히는 문제가 하나 있습니다. 나는 내 여동생 데이아네이라를 결혼도 시키지 못한 채, 그 애를 지켜 줄 사람도 없이 아버지의 집에 놔두고 떠났어요. 그 애는 여신처럼 사랑스럽답니다. 그러나 나는 그녀가 악마의 손에 떨어질까 봐 걱정이 돼요. 헤라클레스여, 그 아이의 보호자가 되어 주세요. 그 애를 아내로 받아 주신다면 물론 더 좋겠지만요."

헤라클레스는 그를 안심시켰다.

"자, 마음을 가라앉혀요, 멜레아그로스. 나는 당신의 누이를 위해 가장 좋은 일은 무엇이든 하겠습니다. 그 문제는 이제 더 이상 신경 쓰지 마십시오."

하데스 앞으로 간 헤라클레스

하데스는 헤라클레스를 보자 매우 놀라워하며, 산 사람이 자기 앞에 무장한 채 나타난 의도가 무엇인지 엄하게 물었다.

그러나 그의 아내 페르세포네는 헤라클레스를 동정 어

린 눈길로 바라보았다. 그녀 역시 제우스의 딸로서 헤라클레스는 그녀의 남동생인 셈이었다.

"전능하신 지하 세계의 지배자시여, 나는 이곳에 오고 싶어 온 게 아닙니다. 나는 에우리스테우스가 보내서 왔습니다. 위대하신 신들이 그에게는 마음대로 명령할 권한을 주었고 내게는 무조건 복종해야 하는 운명을 주었습니다. 나는 그 비겁한 지배자의 뜻에 따라 나의 끔찍한 죄의 얼룩을 씻어 내기 위해 모든 것을 시키는 대로 해 왔습니다. 그는 나에게 가장 불가능한 일들만 골라서 명령해 왔습니다. 오직 나를 죽이기 위해서입니다. 내가 살아 있다는 것만으로도 그의 마음이 두려움으로 가득 차기 때문입니다.

그러나 그런 시도가 모두 실패하자, 그는 나를 당신의 어두운 왕국으로 보낸 것입니다. 그는 저승의 개 케르베로스를 보고 싶다고 말합니다. 실제로 그가 케르베로스를 보면 너무 놀라서 어디로 숨을지 모르겠지만 말입니다. 그렇게 시키니 나는 해야 합니다. 내게는 선택의 여지가 없습니다. 내게는 케르베로스를 미케네로 데려가야 하는 의무만 있을 뿐입니다."

헤라클레스는 그렇게 설명했다.

케르베로스를 길들이는 헤라클레스

하데스의 얼굴이 찌푸려졌다. 어떻게 저승 세계의 안내자인 개를 저 위의 세상으로 데려갈 수 있단 말인가? 그것은 듣지도 보지도 못한 일이었다.

헤라클레스를 동정하는 페르세포네는 남편을 보면서 간절히 부탁했다. 그러자 하데스는 한참 생각한 다음 입을 떼었다.

"좋다, 그 짐승을 데려가라. 그러나 너는 무기를 사용하지 않고 그 개를 길들여 데려가야만 한다."

맨손으로 케르베로스를 길들이다니!

일이 잘못되면 헤라클레스는 어두운 그늘의 왕국에서 영원히 지내야 할 것이다.

그러나 아무리 힘든 일일지라도 허락은 받은 것이다. 헤라클레스는 그 제안을 구원처럼 받아들였다.

"나는 할 수 있을 것입니다."

그는 단호한 목소리로 말하고 몸을 돌려 그 자리를 떠났다.

그러나 하데스는 가엾다는 듯이 머리를 흔들었다. 페르세포네의 뺨 위로는 두 줄기의 눈물이 흘러내렸다. 그녀는 눈물을 얼른 숨겼다. 저승 세계의 왕비로서 운다는 일은 어울리지 않았다.

헤라클레스는 입구의 문을 향해 똑바로 갔다. 케르베로스를 보자 그는 곤봉과 활을 던져 버리고, 자신을 보호해 주는 사자 가죽만을 몸에 더욱 딱 맞게 여몄다. 네메아의 사자 가죽은 다시 한번 헤라클레스를 구해 줄 것이다. 그리고 다시 한번 헤라는 자신이 생각해 낸 첫 번째 과업을 후회할 것이다.

케르베로스는 하데스의 문 쪽으로 다가오는 헤라클레스를 보고 공격하기 위해 뛰어올랐다. 그 개는 영웅을 들어오게는 했으나 다시 나가게 할 수는 없었다. 그것이 케르베로스의 임무였다.

케르베로스의 날카로운 송곳니도 거친 사자 가죽을 뚫지 못했다. 헤라클레스는 세 개의 머리가 솟아 나온 개의 목 부분을 간신히 잡았다. 그는 온 힘을 다해 개의 목을 졸랐다. 케르베로스도 온 힘을 다해 빠져나오려고 버둥거렸다.

하지만 소용없는 일이었다. 개는 꼬리 끝에 달린 용의 이빨로 헤라클레스의 다리를 물었다.

헤라클레스는 몹시 아팠지만 죈 힘을 풀지 않았다.

케르베로스는 숨이 막혀 더 이상 버티지 못하게 되자 상대에게 패배를 받아들인다는 신호를 보냈다.

그러자 헤라클레스는 강한 쇠사슬로 케르베로스의 목을 묶었다. 이제 케르베로스는 완전히 길이 들어 애원하는 듯한 소리로 짖었으며, 세 개의 머리를 모두 조아렸다.

헤라클레스는 돌아가는 여행길을 다른 길로 잡아서 낙원을 통해서 갔다. 그곳은 하데스의 어두운 왕국과는 완전히 다른 곳으로, 신의 사랑을 받다 죽은 자들이 사는 곳이었다. 그런 뒤 끝없는 바람이 부는 동굴을 지나고, 아케론강의 길을 따라가면서 트로이젠 근처의 땅 위로 올라갔다.

그들이 땅 위로 올라서자마자 케르베로스는 다시 한번

사납게 변했다. 그의 꼬리에 달린 뱀이 불쾌하게 쉭쉭거렸고, 개의 입에서는 독이 든 거품이 땅으로 떨어졌다. 개

의 눈은 강렬한 불꽃으로 번쩍였다. 그것은 칼을 갈 때 튀기는 불꽃처럼 강해서 눈이 멀 것만 같았다.

케르베로스는 온 힘을 다해 사슬을 잡아당기면서 사납게 짖어대며 도망치려 했다. 개는 견딜 수 없는 한낮의 빛에서 벗어나 동굴의 깊은 어둠 속으로 돌아가려고 애썼다.

그러나 헤라클레스는 재빨리 개에게 올라타서, 손으로 개의 목을 다시 한번 세게 죄어 맥을 못 추게 했다. 케르베로스는 자기를 구할 수 있는 방법이 아무것도 없다는 것을 알았다. 그러자 다시 한번 머리를 숙이고 온순하게 헤라클레스를 따라갔다.

미케네는 이제 더 이상 멀지 않은 곳에 있었다. 헤라클레스는 성큼성큼 빠른 걸음으로 걸었다.

이제 마지막 과업이 끝나는 것이다. 그의 마음은 벌써 궁전 뜰에 가 있었다.

보초는 너무나 무서운 괴물이 그의 발꿈치를 따라 들어오는 것을 보자 놀라서 도망가 버렸다. 아무도 감히 그가 들어가는 것을 막지 않았다.

"그가 원하든 원치 않든 케르베로스를 보이고 말리라."

헤라클레스는 혼자 중얼거리며 커다란 궁궐 정원으로 들어가 에우리스테우스와 얼굴을 맞대고 섰다.

위대한 영웅이 가장 힘든 마지막 일을 마치고 돌아오자 에우리스테우스는 두려움이 어찌나 컸는지 뒷걸음쳐 커다란 진흙 항아리로 들어가 버렸다. 그가 에리만토스의 야생 멧돼지를 보았을 때 숨었던 그 항아리였다.

그러나 이번에 그는 뚜껑까지 머리 위로 덮고, 그 안에서 사흘을 꼬박 지냈다. 너무 무서워서 뚜껑을 열어 보지도 못했으니 바깥에서 무슨 일이 일어났는지 볼 수도 없었다.

헤라클레스는 에우리스테우스가 놀란 산토끼처럼 항아리 속으로 뛰어들어가는 것을 보고 웃음을 터뜨렸다. 그 웃음소리가 어찌나 컸던지 궁전 담을 넘어서 퍼져 나갔다.

그 뒤 헤라클레스는 케르베로스를 끌고 나왔던 동굴로 다시 데리고 가서 목에 걸린 사슬을 풀어 주었다. 그 소름끼치는 개는 번개처럼 재빠르게 지하 세계의 어둠 속으로 사라져 금세 보이지 않았다.

　마침내 걱정이 없어진 헤라클레스는 다시 한번 길을 향해 나섰다. 이번에 그는 미케네 쪽이 아니라 티린스 쪽으로 향했다.

　헤라클레스가 에우리스테우스의 과업을 시작한 지 벌써 10년이 흘러갔다. 고통스럽고 끔찍한 10년이었지만 영광의 업적으로 가득 찬 세월이었다.

　이제 에우리스테우스에게 묶였던 그의 굴레는 벗겨졌다. 그는 신들의 바람을 이루어 냈다. 또한 제정신이 아닌 상태로 자신의 아이들을 죽였을 때 저지른 무서운 죄를 씻어 내기 위해 가장 최악의 것들을 충실하게 참아 냄으로써 마침내 그는 용서받았다.

모든 시대의 영웅

알케스티스

열두 가지 과업은 완성되었지만 헤라클레스의 위대한 업적은 이것으로 끝나지 않았다. 그로부터 얼마 지나지 않아 그는 또다시 자신의 목숨을 내놓고 싸워야 할 처지에 놓였다.

이 일은 그가 잠시 지친 몸을 쉬려고 페라이로 찾아갔을 때 일어났다.

헤라클레스가 디오메데스의 말을 데려오려고 떠났을 때, 페라이에 잠시 들른 적이 있었다. 아드메토스 왕은 그를 따뜻하고 친절하게 맞아들였다. 왕은 그에게 며칠이라도 쉬었다 가라고 간청했다.

그러나 그때 헤라클레스에게는 해야 할 다른 일이 있었다. 에우리스테우스가 명령한 과업을 수행하려면 페라이에서 빈둥거릴 시간이 없었다.

헤라클레스는 과업을 다 완수하면 다시 그를 찾겠다고 약속했다. 그러면 그때 그들은 먹고 마시며 즐길 수 있을 거라고 했다.

이제 헤라클레스는 머리카락이 곤두서는 수많은 모험을 끝냈다. 그러자 아드메토스에게 한 약속이 떠올랐다. 그리하여 그는 페라이로 가서 친구와 즐기면서 쉬리라 마음먹고 그리로 향했다.

아드메토스는 몇 년 전 아폴론의 도움으로 믿어지지 않는 일을 해냈던 날 이후로는 별 어려움 없이 지내고 있었다.

아드메토스는 사자와 야생 멧돼지에게 재갈을 물려 전차에 매다는 데 성공하여, 승리의 기세로 이올코스의 왕을 찾아가 사랑스러운 공주인 알케스티스와의 결혼 승낙을 받았다.

　아드메토스와 알케스티스는 그 뒤로 행복하게 살았고, 사랑하는 두 아이의 부모가 되어 있었다. 그들의 행복은 너무나 커서 사람들은 온 세상을 통틀어 그들에게 견줄 만큼 행복한 가정은 없다고 말했다.

　그런데 이들 부부의 더할 나위 없는 행복을 위협하는 일이 생겼다.

　그 일은 바로 헤라클레스가 그런 사정을 모르는 채 페라이를 방문할 무렵 일어났다.

　아드메토스는 심각한 병에 걸려 침대 신세를 지고 있었다. 잔혹한 운명의 여신은 그의 삶을 너무나 짧게 줄여 버렸다. 이제 그가 죽을 시각이 다가오고 있었다.

　알케스티스는 희망 없는 슬픔의 흐느낌으로 쇠약해져 갔다. 사랑하는 사람을 구하기 위해 그녀가 할 수 있는 일이라고는 없었다. 자식들이 울고 있는 것을 보자 그녀의 가슴은 더 슬프게 찢어졌다. 슬픔에 잠긴 알케스티스는 아이들을 위로하기 위해 최선을 다했다.

　그녀는 울면서 말했다.

"아버지를 구해 달라고 신에게 기도해라, 나의 사랑하는 아이들아. 그러면 신들이 사랑하는 아버지를 너희들에게서 빼앗아 가게 내버려 두지 않을 거야."

아이들의 기도에 그녀는 자신의 기도를 더했다. 아드메토스의 어머니와 아버지 또한 기도했다. 페라이의 온 도시가 모두 왕의 회복을 위한 기도를 올렸다.

마침내 신들의 마음이 움직였다. 특히 아드메토스를 사랑했던 아폴론은 슬픔에 잠겨 그를 살릴 길을 애타게 찾았다.

그러나 그의 갑작스러운 죽음은 운명의 여신에 의해 정해진 것이라 살릴 길을 찾기란 매우 어려웠다. 무정한 운명의 여신들은 애원 따위에 조금도 마음이 움직이지 않았으며, 협박에 의해 목적을 바꾸는 일도 없었다. 지금까지 그들은 어떤 인간의 운명도 바꾼 적이 없었다. 그러니 그들이 아드메토스를 위해 그 일을 하려 하겠는가?

그러나 아폴론은 방법을 찾아냈다. 그는 운명의 여신들을 취하게 한 뒤 그들을 설득하여 아드메토스의 운명을 새롭게 쓰게 만들었다.

그러나 그들은 취한 상태에서조차 너무도 가혹하고 무자비했다. 따라서 그들은 아드메토스의 목숨을 늘리는 일을 누군가의 목숨과 바꿔치기하지 않으면 받아들이지 않으려 했다.

그리하여 그들이 아드메토스를 위해 새로 쓴 운명은 다음과 같다.

"페라이의 왕은 그의 가까운 친척들 중에서 기꺼이 그 대신 죽을 사람이 나타난다면 살아날 것이다."

누가 아드메토스를 구할 것인가?

그 소식을 듣게 되자 궁궐 안에는 근심 어린 웅성거림이 퍼져 나갔다. 그 운명은 여전히 잔인했지만 아드메토스는 반드시 살아나야만 했다. 왜냐하면 페라이 백성들은 그렇게 훌륭하고 선량한 왕을 가져 본 적이 없기 때문이었다.

그러나 친척들 중에서 누가 그를 구하기 위해 자기 생명을 포기할 것인가?

누구도 자신의 목숨을 희생하기는 쉽지 않았다. 목소리

들은 점점 더 작아졌고 마침내 침묵이 찾아왔다.

죽은 듯한 침묵이 감도는 가운데 사람들은 저마다 마음속으로 한 가지 생각을 하고 있었다. 바로 아드메토스의 아버지와 어머니였다. 모두들 그들이 아들을 얼마나 사랑하는지 알고 있었다. 그리고 그때 그들은 너무 늙어서 남은 삶이 얼마나 될지 몰랐다.

그렇게 된다면 죽음은 오히려 환영할 만한 구원일 것이었다. 그들은 숨을 죽인 채 둘 중에서 과연 누가 위대하고 고상한 희생을 할 것인가를 보려고 기다리고 있었다.

그러나 이 다급함 앞에서 아드메토스의 아버지도, 어머니도 용기를 낼 수 없었다. 그들의 부모로서의 사랑은 죽음에 대한 두려움을 넘어설 만큼 강하지 못했다.

그들의 끔찍한 상상력은 어두운 지하 세계의 모습으로 가득 차서 머리가 무거울 지경이었다. 그들은 '우리가 아드메토스를 대신하여 죽겠소.'라는 말 대신 가만히 입 다물고 침묵을 지켰다.

영광스러운 죽음을 선택하는 대신 그들은 모든 사람들의 비난을 받는 쪽을 택하려고 했다. 둘 다 한 발은 이미 무덤 속에 들여 넣고 있는 형편이면서도…….

이때 사랑스러운 알케스티스가 나섰다.

"내가 아드메토스를 위해 죽겠어요!"

모두들 죽은 듯이 조용하게 그녀의 말을 들었다.

"전지전능한 운명의 여신들이여, 인간의 운명을 당신의 손안에 넣고 있는 분들이시여, 나의 사랑하는 이의 운명을 바꿔 주셔서 감사드립니다. 이제 내 목숨을 받아 가시고 그를 살려 주소서. 언젠가 우리가 헤어져야 하는 것은 정해졌으니 무자비한 죽음의 신에게 나의 남편 대신 나를 보내 주소서. 그리고 사랑하는 아드메토스여, 당신이 저 지하 세계의 어둠 속에서 신음할 동안 내가 이 좋은 세상에 있는 것보다는, 당신이 여기 살아 있다는 것을 알면서 내가 지하 세계에 가서 사는 쪽이 천 배나 더 좋은 일이란 것을 이해하세요."

알케스티스의 말에 아드메토스는 절망에 가득 차 소리쳤다.

"안 되오! 안 돼! 빨리 당신의 말을 취소하시오. 실수를 저질렀다고 빨리 말하시오. 아이들을 어머니 없이 남겨 둘 수는 없다오. 나 역시 당신 없이 이 땅에서 사는 것보다 저승 세계의 어둠으로 가는 쪽이 훨씬 낫단 말이오."

그러나 알케스티스는 자신의 용감하고 희생적인 제안

을 결코 바꾸려 들지 않았다. 어떤 말로 간청해도 아드메토스는 아내의 결정을 바꿀 수 없었다.

알케스티스는 시녀들에게 침대를 준비하고, 죽을 때 입을 옷을 가져오라고 시켰다.

그녀는 조용히 혼자서 준비했다.

그녀는 침대에 눕기 전에 헤스티아 여신의 제단으로 걸어갔다. 거기에는 영원히 성스럽게 타오르는 가족의 불이 있었다.

"헤스티아 여신이여, 우리 집과 우리의 행복한 날들의 여신이여, 엄청난 불행이 지금 우리에게 떨어진 걸 보소서! 당신은 언제나 우리 편이었는데, 지금 우리는 이전의 어느 때보다도 당신을 필요로 합니다. 내가 남기고 가는 이들을 사랑으로 지켜 주소서.

그리고 무엇보다도 우리 아이들을, 작고 힘없는 아이들을 지켜 주소서. 그들을 건강하게 보호해 주시고 성인이 될 때까지 그들의 마음을 안내하고 비춰 주소서. 그리하여 아이들이 결혼할 때가 되면 그들에게 진정한 사랑을 아는 기쁨을 선사해 주소서. 사랑하는 여신이여, 그러나 그 사랑이 나 같이 마침내 그들의 마음을 고통으로 가득 차게 할 운명이라면, 그들이 그 기쁨을 결코 알지 못하게 하소서."

알케스티스는 이 마지막 말을 온 힘을 다해 간신히 할 수 있었다. 그녀는 더 이상 서 있을 힘조차 없었다. 그녀는 침대로 가서 누웠다. 그녀의 상태는 빠른 속도로 나빠졌다.

그러나 그와 똑같은 속도로 아드메토스는 빠르게 건강이 회복되어 갔다.

자신의 최후가 가까워 오는 것을 느낀 알케스티스는 다 꺼져 가는 목소리로 중얼거렸다.

"안녕, 아드메토스! 사랑하는 아이들아, 나는 지금 떠난다!"

아드메토스는 소리쳤다.

"알케스티스! 내 사랑 알케스티스!"

이제 다 회복된 아드메토스는 벌떡 일어나 아내 곁으로 달려갔다.

그러나 사랑하는 알케스티스는 이미 숨이 끊겨 있었다.

아드메토스는 그녀 곁에 무릎을 꿇고 걷잡을 수 없는 통곡을 쏟았다. 궁전이 슬픔에 잠겼고 곧 페라이 전체가 슬픔에 잠겼다.

세상이 예전에 결코 보지 못했던 큰 슬픔을 남기고, 이 세상에서 가장 아름답고 가장 훌륭한 어머니였던 여인이 영원한 휴식에 들어간 것이다.

알케스티스를 묻은 뒤 궁궐로 돌아온 아드메토스는 넋이 나간 사람 같았다. 그는 자기 방 안에서 문을 잠그고 주체할 수 없는 울음을 터뜨렸다.

그러나 얼마 지나지 않아 신하 두 명이 문을 열면서 헤라클레스가 그를 만나러 왔다는 소식을 전했다.

"헤라클레스라고! 헤라클레스는 내가 전에 궁궐에 와 달라고 간청해서 온 것이다. 그러나 하필 이렇게 비극적인 시간을 택하다니! 그는 좋은 친구와 즐겁게 지내려고 왔을 텐데, 내가 그에게 줄 수 있는 건 내 고통과 슬픔뿐이라니……"

그는 혼자 중얼거리다 소리를 질렀다.

"안 되지! 우리는 이 힘센 영웅을 슬프게 만들어서는 안

된다. 그에게 우리의 불행에 대해서는 아무 말도 하지 말고, 애도하는 울음소리가 들리지 않도록 여자들의 방문을 꼭꼭 닫아라. 그에게 왕족과 같은 환대를 베풀어라. 그에게 음식과 마실 것을 제공하고 즐겁게 지내게 대접해라. 나는 그의 앞에서는 지금의 이런 얼굴을 보일 수 없다. 나는 그를 좀 나중에 보겠다."

모든 것이 아드메토스가 지시한 대로 이루어졌다.

헤라클레스는 먹고 마시고, 즐거운 이야기를 하며 보냈다. 그러나 그는 결국 즐겁게 노는 사람은 자기 혼자뿐이며, 그를 둘러싼 모든 사람이 우울하고 슬픈 얼굴을 하고 있다는 것을 깨달았다.

그는 무슨 일이 일어난 건지 이상하게 생각했지만 도통 짐작 가는 것이 없었다.

얼마 뒤에 아드메토스가 나타났다. 그는 헤라클레스를 보고도 크게 기뻐하거나 흥분하지 않았다.

헤라클레스가 깊은 우정을 나타내는 포옹을 해도, 아드메토스는 머리를 돌리고 늘어진 어깨로 물러설 뿐이었다. 그러고는 인사의 말도 없이, 어리둥절해하는 헤라클레스를 남겨 놓고 가 버렸다.

그때 한 여인이 술을 따르느라 안으로 들어왔다. 그녀의 얼굴은 베일로 덮여 있었다.

헤라클레스가 그녀에게 물었다.

"당신들에게 대체 무슨 일이 일어난 건가? 어째서 당신들은 내 앞에서 얼굴을 감추고 아무 말도 안 하는 건가?"

그러면서 그는 손을 내밀어 여인의 얼굴에서 베일을 들어올렸다. 헤라클레스는 그녀의 짓물러 붉어진 눈을 보았다. 그녀의 뺨은 아직도 눈물로 젖어 있었다.

헤라클레스는 사나운 기세로 소리쳤다.

"당장 말해라! 무슨 일이 일어난 거냐?"

그 여인이 놀라서 말했다.

"손님, 어떻게 우리가 행복해 보이겠어요? 우리가 이 땅에 살았던 가장 훌륭한 여인을 묻은 지 한 시간도 지나지 않았는데요."

"알케스티스 말이냐?"

헤라클레스는 공포에 사로잡혀서 물었다.

"예, 알케스티스 왕비님이오."

여인은 가슴이 찢어지는 듯한 울음을 터뜨리며 이야기를 모두 들려주었다. 이야기를 들을수록 헤라클레스의 놀라움은 더욱 커졌다.

그가 참지 못하고 물었다.

"그녀의 무덤은 어디 있는가?"

"저기요."

여인은 창을 통해 그곳을 가리키며 말했다.

헤라클레스는 방을 빠져나가 무덤으로 달려가 그것을 덮은 대리석 판을 들어 올리려고 몸을 구부렸다. 참으로 대담한 생각이 그의 머리에 떠오른 것이다.

"여기서 뭘 하려는 거냐?"

소름 끼치는 야만적인 목소리가 그의 등 뒤에서 울려왔다. 돌아보자 카론이 거기 서 있었다.

카론을 이긴 헤라클레스

"바로 당신을 보려고 했지!"

헤라클레스는 이렇게 말하며 카론 위로 자신의 몸을 던졌다.

어떤 인간도 감히 그의 길을 막은 적은 없었다. 이자에게 뼈아픈 교훈을 주어야만 했다. 모든 인간이 기억하고 온몸을 부르르 떨 만큼! 이런 자는 쓰러뜨려서 어두운 하데스의 왕궁으로 보내 영원한 괴로움을 받게 해야 했다.

그들이 싸움을 시작했을 때, 헤라클레스의 힘은 그 대담한 용기보다 몇 배나 더 강했다.

그들의 싸움은 너무나 격렬해서 발밑의 땅이 다 흔들렸다. 둘 중 헤라클레스가 좀 더 강해 보였다.

그러자 카론은 죽음의 숨길을 그의 얼굴에 불어넣으려고 애썼다. 헤라클레스는 위험을 깨닫고 머리를 아래로 숙였다.

카론이 두 번, 세 번 같은 시도를 하자 헤라클레스는 그의 목을 잡고 세게 눌렀다.

그의 숨길은 완전히 끊겨 버렸다. 카론이 죽지 않는 존재만 아니었다면 헤라클레스는 그에게서 목숨을 빼앗을 수도 있었다.

그러나 카론이 아무리 불사신이라 할지라도 이처럼 악마 같은 손아귀 힘을 견뎌 내는 것은 너무도 힘들었다. 그는 고통으로 몸부림쳤다. 그의 고막이 터져 버렸다.

마침내 카론은 패배를 인정하고 목이 졸린 채 겨우 들릴락 말락한 목소리로 헐떡거리며 말했다.

"뭘 원하는지 말해 봐, 들어줄 테니까."

그러자 헤라클레스는 손에서 힘을 뺐다. 그런 다음 그는 얼굴이 바짝 닿을 만큼 카론에게 다가가서 사납게 소리 질렀다.

"알케스티스를 다시 살려 줘!"

카론은 그렇게 엄청난 요구는 들어 본 적이 없었다. 하지만 그 영웅이 너무나 두려워서 감히 거절할 수가 없었다.

카론은 무덤을 덮은 대리석 판을 들어 올려서 알케스티스의 손을 잡았다. 그러자 기적처럼 그녀가 똑바로 일어섰다.

카론은 몹시 부끄러운 듯 말했다.

"그녀를 데려가. 그녀는 다시 살아났어. 단지 사흘 동안 말을 할 수 없을 뿐이야."

그러자 헤라클레스는 알케스티스의 얼굴을 베일로 덮

은 뒤, 손을 잡고 궁전 안으로 데리고 들어갔다.

내가 데려온 사람을 보라

헤라클레스는 손바닥으로 얼굴을 가린 채 울고 있는 아드메토스를 찾아냈다.

"자, 이제 너의 슬픔을 치워 버릴 때가 되었어. 아드메토스여, 내가 너에게 데려온 여인을 보아라."

헤라클레스가 그에게 말했다. 그러면서 그는 알케스티스의 얼굴을 덮고 있는 베일을 들어 올렸다.

그러나 아드메토스는 그 여자가 누군지 쳐다보려고도 하지 않았다.

아드메토스가 말했다.

"너는 미친 게 틀림없어, 헤라클레스. 내가 언젠가 다른 아내를 얻을 거라고 생각한다면 말이야. 내 아이들을 두고 어떻게 그런 생각을 할 수 있겠나. 알케스티스가 낳은 아이들을 다른 여자 손에 맡기란 말인가. 나는 가장 훌륭한 여인을 잃었어."

헤라클레스가 명령하듯이 소리쳤다.

"보라니까, 아드메토스! 내가 데리고 온 사람을 보라구!"

아드메토스는 마지못해 머리를 들었다. 그가 소리쳤다.

"세상에! 나는 지금 무슨 헛것을 보고 있는가? 헛것이라 해도 사라지지 않게 꼭 붙들어 줘!"

"헛것이 아니야, 아드메토스. 살아 있는 알케스티스야. 내가 카론과 싸워서 그를 패배시켰어. 나도 믿을 수 없지만 그녀를 빼앗아 오는 데 성공한 거야. 자, 여기 그녀가 있어! 네 아내와 아이들의 어머니를 다시 얻었어. 단지 사흘 동안만 참으면 그녀가 말을 할 거야. 그때 너는 그녀가 돌아온 것을 축하하고 즐겁게 지내. 나는 이제 더 이상 여기 머물 필요가 없어졌네. 나는 이미 더 이상 보탤 수 없는 큰 행복을 맛보았으니까. 잘 있게, 언제나 행복하기를."

이 말과 함께 헤라클레스는 떠나 버렸다.

아드메토스는 너무도 뜻밖의 기쁨에 압도되어서 감사의 말조차 할 수 없었다.

마침내 아드메토스는 중얼거렸다.

"잘 가게. 너무도 위대한 영웅 헤라클레스여."

그러나 그 영웅은 이미 멀리 가 버리고 없었다.

이올레와 결혼하기 위한 헤라클레스의 경쟁

헤라클레스는 티린스로 가기로 마음먹었다.

그곳으로 가는 도중에 여러 가지 희망과 계획들이 그의 마음속을 지나갔다. 그가 삶에서 부딪친 일들이 아무리 거친 것이었다 할지라도 그는 견뎌 냈고, 마침내 그는 모든 장애물을 극복해 냈다. 그런 생각이 그를 만족감으로 가득 채웠다.

그러나 헤라클레스는 그것 말고 다른 어떤 것을 필요로 했다. 그의 영혼은 삶의 거친 길을 부드럽게 만들어 주는 상냥함을 간절히 바라고 있었다.

헤라클레스가 칼키스에 도착했을 때 그는 오이칼리아의 에우리토스 왕이 아프로디테처럼 사랑스럽고, 아테나처럼 지혜로운 딸을 가지고 있다는 것을 알았다. 그는 에우보이아에 있는 이 나라로 곧장 찾아가서 청혼하기로 마음먹었다. 아드메토스와 알케스티스의 사랑이 그에게 깊은 인상을 남긴 것이다.

그러나 '계획하는 건 인간이고 이루는 건 신들이다.'라는 속담이 말하고 있듯이 헤라처럼 죽음을 노리는 적이 있는데, 헤라클레스가 자신이 바라는 대로 인생의 길을 가기는 쉽지 않았다.

그가 에우리스테우스 밑에서 일한 기간이 끝나자마자, 헤라 여신은 그를 다시 한번 더 형편없는 지배자 밑에 두고 의무에 복종시킬 방법을 궁리하기 시작했다.

그러나 그를 파괴시키려는 헤라의 노력은 단지 헤라클레스에게 더 위대한 영광을 가져다줄 뿐이었다.

헤라는 이제 더 좋은 계획이 떠올랐다.

'헤라클레스가 죄 없는 사람을 죽이게 만들면 신들은 격노하여 그를 거칠게 대할 것이다. 그러면 아마도 나는 그가 지금까지 얻은 모든 영광이 다 잊힐 만큼 그를 욕보일 기회를 찾을 수 있을 거야. 그가 지금 오이칼리아로 가고 있군. 이건 바로 내가 찾던 기회야. 에우리토스는 교활한 인간이니까 내 목적을 이루는 데 그를 이용해야겠어.'

헤라의 생각은 그러했다.

오이칼리아의 왕인 에우리토스에게는 네 명의 아들과 한 명의 딸이 있었다. 그 딸이 바로 아름다운 이올레였다. 그러나 왕은 아내가 죽은 뒤로 이올레를 결혼시키고 싶어 하지 않았다. 늙어서까지 딸의 시중을 받고 싶었기 때문이었다. 그러나 에우리토스는 이런 생각을 누구 앞에서도 밝히지 않았다. 그래서 헤라클레스가 자기 앞에 나타났을 때에도 이렇게 말했다.

"당신이 궁술 대회에서 나를 이기거나 나의 네 명의 아들 중 누구든 이긴다면 당신이 이올레와 결혼하는 것을 허락하겠소."

이것은 누구라도 자기 딸에게 청혼하는 자가 있으면 에우리토스가 언제나 내놓는 말이었다. 그에게는 그럴 만한 까닭이 있었다. 그는 온 세상을 통틀어 자기나 자기 아들보다 훌륭한 궁수는 없다고 확신하고 있었기 때문이었다.

실제로 온 그리스의 가장 훌륭한 궁수들이 이올레를 위해 경쟁했지만 모두 지고 말았다. 에우리토스가 지는 경우는 있을 수 없었다. 에우리토스는 아폴론한테 직접 활 쏘는 법을 배웠기 때문에 그의 화살들은 목표물을 놓치는 일이 없었다.

헤라클레스가 도전을 받아들이자 에우리토스는 기뻐했다. 그는 자신이 이 힘센 영웅도 이겨서 뽐내기를 원했기 때문이다.

그러니 그가 받은 충격이 얼마나 컸겠는가!

헤라클레스가 에우리토스와 네 명의 아들 모두를 패배시켰던 것이다. 오이칼리아의 왕은 그 결과에 당황했다. 그는 무슨 일이 있어도 자기 딸을 결혼시킬 생각이 조금도 없었기 때문이다.

자신의 패배에 화가 난 에우리토스는 헤라클레스에게 큰 소리로 욕을 퍼부었다.

"여기서 당장 꺼져 버려! 그따위 목표물을 놓치는 법이 없는 마술 화살도 함께! 너는 내가 에우리스테우스의 노예에게 내 딸을 내줄 거라 생각했나?"

"당신은 모욕적인 말에 대한 정당한 대가를 받을 것이오! 그리고 나와 한 당신의 약속을 깬 데 대해서도! 나는 당신을 잊지 않을 것이오, 에우리토스. 나는 전능한 제우스 신에게 맹세하오!"

이 말과 함께 헤라클레스는 화가 나서 몸을 돌려 떠났다.

이피토스

에우리토스의 부끄러운 행동에 모든 아들이 거들었지만 단 한 명, 이피토스만은 그러지 않았다.

"그건 옳지 않아요! 우리는 약속을 했는데 지키지 않았어요. 우리는 경기에서 지고 그것을 인정하려 하지 않았어요. 그것도 모자라 아무 잘못도 없는 사람을 모욕했어요. 그런 뒤에도 우리는 자신을 인간이라 부르는군요!

좋아요, 우리가 이렇게 부끄럽게 굴었으니 무슨 영웅들이라고 하겠어요? 모두들 부끄러운 줄 모르더라도 나는 안 그래요. 우리는 이올레를 헤라클레스와 결혼시켜야 해요. 그는 정당하게 우리를 이겼어요. 이 세상에서 그보다 더 가치 있는 인간은 없어요. 그런 이유에서라도 이올레를 그에게 보내주어야 해요. 우리는 이올레를 결혼도 안 시키고 더 이상 데리고 있을 이유가 없어요."

"말조심해라, 이피토스! 이올레는 남편 따위는 얻지 않을 것이다. 그따위 생각은 네 머릿속에나 집어넣어라. 너는 여기서 명령을 내리는 게 누구인지 잘 알고 있다. 혀를 그만 나불거리지 않으면 후회할 것이다!"

이 일이 있고 얼마 안 되어서였다.

헤르메스의 아들 중에 '아우톨리코스'라는 손재주 좋은 사람이 있었는데, 그가 에우리토스에게서 소 떼를 훔쳐 갔다. 그는 자신의 마술의 힘을 이용하여 그들이 알아보지 못하게 짐승들의 색깔을 바꿔 버렸다.

아우톨리코스는 소 떼를 끌고 티린스로 데리고 갔다. 거기서 그는 소 떼를 헤라클레스에게 팔았다.

에우리토스는 누가 진짜 도둑인지 알아보지도 않고 헤라클레스가 소들을 훔쳤다고 소리를 지르기 시작했다.

"그건 명백해. 그는 복수심에서 그렇게 한 거야! 그는 우리를 떠나면서 협박하고 갔지. 물론 그는 환한 대낮에 칼을 들고 와서 그것들을 가져가든가, 한밤중에 기어 올라가 그런 더러운 일을 할 용기는 없지!"

이피토스가 말했다.

"헤라클레스가 도둑이라고요? 말도 안 돼요! 가서 우리의 소 떼를 가져간 사람을 찾아보고 소 떼를 되찾아와요. 그런 다음 진짜 도둑에게 벌을 주는 게 어떻겠어요?"

에우리토스는 화가 나서 말했다.

"네 충고 따위는 필요 없다! 우리는 누가 도둑인지 알고 있어. 소 떼 따위는 상관없어. 우리는 네가 매부로 삼으려고 했던 자가 어떤 종류의 사람인지 아는 것이면 족해. 더러운 도둑놈 같으니라고!"

"그럼 나는 헤라클레스가 죄가 없다는 걸 증명하겠습니다. 혼자 가서라도 소 떼를 조사해 보고 진짜 도둑을 찾아낼 것입니다!"

이피토스가 우겼다.

이피토스는 길 위에 나타나 있는 짐승들의 발굽 자국을 따라갔다. 발자국은 펠로폰네소스에 있는 티린스 교외의 외양간에 이르렀다. 그것이 누구 것인지 물어보자 그를 당황하게 하는 답이 돌아왔다. 그 외양간은 헤라클레스 것이었다.

이피토스가 소리쳤다.

"하지만 그럴 리가 없어! 헤라클레스가 소 떼를 훔쳤을 리는 없어. 나는 그를 만나서 물어보겠어. 그는 내가 도둑을 잡는 데 도와줄 게 분명해."

이피토스는 헤라클레스를 찾아가서 일어났던 모든 일

을 말했다. 그리고 짐승들이 왜 그리로 왔는지, 어떻게 그것들을 티린스로 데리고 왔는지 물었다.

헤라클레스로서는 유쾌할 게 없는 이야기였다.

그가 말했다.

"나는 이 소 떼를 아우톨리코스한테서 바로 어제 산 것이다. 그러나 네가 그것을 확실히 하기를 원한다면……"

이피토스가 말했다.

"내가 의심하는 것은 당신이 아닙니다. 신이 아십니다! 나는 단지 도둑을 잡는 일을 당신이 도와주셨으면 할 뿐입니다."

헤라클레스가 대답했다.

"도둑을 찾으려면 먼저 소 떼를 찾아야 할 것이다. 성으로 가 보자. 거기서는 들판이 다 내려다보이니 네 짐승들이 있는 곳이 보일 것이다."

그들은 성으로 올라가서 성벽 가장자리에 섰다. 이피토스는 조심스레 아래쪽 들판을 샅샅이 훑어보았다. 소 떼는 바로 그의 코앞에 있었다.

그러나 아우톨리코스가 짐승들의 털빛을 바꿔 놓았기

때문에 그는 그것을 알아차리지 못했다.

"내 소 떼는 찾을 수가 없군요. 발자국은 나를 혼란시키려고 만들어 놓은 건가 봅니다."

이피토스는 자신의 생각이 틀렸음을 인정했다.

이것이야말로 헤라가 기다린 순간이었다. 그녀는 즉시 헤라클레스의 마음을 분노로 흐려 놓았다. 그의 머리끝까지 피가 솟구쳤고, 그의 눈은 미친 듯한 빛으로 이글거렸다. 이제 헤라클레스는 흥분하여 버럭 소리를 질렀다.

"발자국들이 너를 속인 게 아니야! 너는 여기에 내가 도둑이라고 생각되어 일부러 온 거야. 자, 너는 벌을 받아야 한다."

헤라클레스는 난폭하게 이피토스를 들어 올려 성벽에서 아래로 내던져 버렸다.

이 사건은 신들을 소스라치게 만들었다. 헤라클레스는 진실한 친구를 죽여 버린 것이다.

그뿐만 아니라 그는 이피토스를 방어할 기회도 주지 않고 비겁한 방법으로 죽였다. 신들에게는 그가 상상할 수 있는 가장 나쁜 죄를 저지른 것으로 보였다. 이 모든 것이 헤라가 한 짓이라는 사실을 아무도 몰랐기 때문이었다.

아폴론과의 싸움

제우스는 벌로 헤라클레스에게 고통스러운 상처를 주었다.

그것은 도무지 나을 기미도 보이지 않은 채 너무나 오랫동안 헤라클레스를 괴롭혔다. 마침내 견디다 못한 헤라클레스는 델포이로 갔다. 자신의 괴로움에서 벗어나려면 어떻게 해야 하는지 물어볼 생각이었다.

신탁은 죄 없는 사람을 죽인 자는 답을 얻을 권리가 없다는 것이었다. 특히 그가 남자답지 못한 비겁한 방법으로 이피토스를 죽였기 때문에 더 그렇다는 것이었다.

헤라클레스는 피티아의 말에 모욕감을 느꼈다.

병이 낫기를 간절히 바라던 그는 너무나 화가 나서 피티아가 앉아서 신의 말씀을 전하는 삼각 탁자를 움켜잡았다.

바로 그때 델포이 신탁의 지배자인 아폴론이 나타났다. 그가 엄한 목소리로 외쳤다.

"무엇을 하려는 건가, 헤라클레스여?"

아폴론은 즉각 삼각 탁자의 다른 쪽을 잡고 소리쳤다.

"나는 신의 말씀을 다른 곳에서 들으려고 이걸 옮기려는 거요. 당신의 사원은 내게 답변을 안 해 줄 테니까!"

"그것을 내려놓아라, 헤라클레스. 내가 강제로 너에게서 그것을 빼앗기 전에!"

"할 수 있으면 해 보시오!"

헤라클레스는 삼각 탁자를 쾅 하고 내리치면서 호통쳤다.

그 일로 싸움은 시작되었다.

헤라클레스는 아팠다. 그리고 그는 신과 싸우는 것이었다. 그랬지만 헤라클레스는 너무나 화가 나서 아폴론조차 그를 패배시킬 수 없을 정도로 온 힘을 다해 싸웠다.

헤라클레스도 아폴론을 패배시킬 수 없었다. 그리하여 그 싸움은 몇 시간이고 끝나지 않고 길어졌다.

그러나 마침내 제우스가 무슨 일이 일어났는지를 알게 되었다. 제우스는 그 둘을 떼어 놓기 위해 둘 사이에 벼락을 내리꽂았다. 헤라클레스가 벼락을 맞고 옆으로 쓰러졌

고, 아폴론이 다음에, 그리고 삼각 탁자도 쓰러졌다.

그런 다음 제우스는 아폴론에게 삼각 탁자를 가질 수

있지만, 피티아에게 헤라클레스가 찾는 답을 말해 주라고 명령해야만 한다고 말했다.

옴팔레에게 봉사하는 헤라클레스

피티아는 헤라클레스에게 이렇게 말했다.

"잘 들어라, 알크메네의 아들이여, 네가 고통받는 그 병은 벌이다. 그것은 전능하신 제우스가 네가 이피토스를 이유 없이 죽인 데 대한 징벌로 내린 것이다. 그 병이 나으려면 신들에게 죄를 용서받아야 하느니라. 그러려면 너는 노예로 팔려 가야 한다. 그리고 2년 동안 너를 산 자에게 봉사해야 한다. 너를 판 돈은 에우리토스의 보상금으로 쓰일 것이다."

그리하여 헤라클레스는 자신의 자유를 다시 한번 포기해야만 했다.

장사의 신인 헤르메스가 헤라클레스를 파는 일을 떠맡았다.

그러나 헤르메스가 팔려고 나설 사이도 없었다. 이미 헤라 여신이 헤라클레스를 기꺼이 사려는 리디아 여왕인 옴팔레를 찾아냈다. 헤라클레스는 옴팔레에게 팔렸다. 이 유명한 영웅이 보잘것없고 하찮은 한 여자의 노예가 된 것이었다.

옴팔레는 헤라클레스를 노예로 삼았다는 자부심으로 가득 찼다. 그녀는 그가 위대한 과업을 수행하기를 바라지 않았다. 단지 영웅을 소유해서 그에게 창피를 주고 싶어했으며, 그가 자기 기분을 좋게 해 주기만을 바랐다.

옴팔레는 얼마나 바보 같은 여자였던가!

헤라는 만족스럽게 생각했다. 헤라클레스가 이제부터는 아주 창피스럽고 우스꽝스러워져서 아무도 그에 대해 존경스럽게 이야기하지 않고, 경멸적으로 대하게 될 것을 확신했다.

옴팔레는 헤라클레스를 얕보고 비참하게 하기 위해서 돈을 들여 헤라클레스를 샀던 것이다. 그녀는 헤라클레스에게 많은 일을 시켰다.

그녀는 그에게 마루 청소를 하고, 옷을 빨고, 요리를 하고, 옷감을 짜게 했다. 한 마디로 말해서 여자 노예에게 맡길 만한 일들을 시켰다.

그러나 정말 이상하게도 헤라클레스는 그런 하찮고 자기에게 익숙하지 않은 일을 하게 된 것을 조금도 곤란해하지 않았다.

헤라클레스가 말했다.

"나는 죄 없는 사람을 죽였으니 그 대가를 지불해야만 한다. 내가 잘 참고 최선을 다해 이 일들을 해낸다면 아마 이피토스의 영혼도 나를 용서하게 될 것이다."

헤라클레스는 자신에게 주어진 일이 아무리 형편없고 익숙하지 않은 일이라 할지라도 그것을 잘 해내려고 애썼다. 그것은 물론 옴팔레를 위해서가 아니라 이피토스를 위해서였다.

옴팔레는 헤라클레스가 그 모욕적인 일조차 열성적으로 해내는 걸 보고 당황했다.

그녀는 그를 보잘것없게 보이게 하기 위해 다른 새로운 방법을 찾아낼 만한 머리가 부족했다. 그러나 그가 자신의 명령을 결코 거역하지 않는 것을 보자 약간 뻔뻔스러워졌다.

아마도 옴팔레는 직업에는 귀천이 없다는 사실과 직업

이 그 사람의 품위를 떨어뜨릴 수 없다는 것을 알지 못했으리라. 또한 그녀는 올바른 인간이 된다는 것과 진정한 영웅이 되는 것은 위대한 행위와 눈부신 업적을 이루는 것만이 다가 아니며 가장 천한 일들 또한 필요하다는 것을 알지 못했으리라.

아무리 사소하고 무의미하게 보일지라도, 그 일들은 정확하고 세심하게 다루어져야 했다. 그 속에 모든 영웅의 영혼과 마찬가지로 모든 인간의 영혼이 드러나기 때문이었다.

그러니 헤라 여신조차 몰랐던 그런 것들을 옴팔레가 어떻게 알았겠는가? 그녀는 헤라클레스가 하찮은 일을 하게 되면 그 위대한 영웅의 체면이 깎아 내려진다고만 생각했을 것이다.

그러나 헤라클레스가 옴팔레에게 봉사한 2년은 전적으로 고된 가사에만 바쳐지지 않았다. 언제나 그의 길에는 위대한 과업이 놓여 있었고, 그가 위험과 어려운 일에 빠진 것은 한두 번이 아니었다.

예를 들어 헤라클레스는 무시무시한 거인 리티에레스

를 죽였다. 그 거인은 부주의한 나그네들을 잡아 피에 대한 갈증을 풀고, 거품 이는 마이드네르강으로 뛰어들던 자였다.

또한 그는 무서운 싸움을 한 뒤에 인간과 짐승들을 갈기갈기 물어뜯는 사가리스강의 괴물 뱀을 죽이기도 했다.

세 번째 업적은 리디아의 산적인 실레오스와 맞붙어 죽인 일이다. 그는 행인들에게 강제로 자기 포도밭을 돌보게 한 다음 그들을 죽이던 자였다.

케르코프스

그러나 한번은 매우 다른 종류의 모험이 헤라클레스에게 일어났다.

뜨거운 여름날이었다. 헤라클레스는 이웃 도시인 에피소스로 일찍 출발했다. 거기서 그를 기다리는 일이 있었다.

그러나 그 길은 길고 지겨운 길이었다. 해가 하늘 한가운데 왔을 때 헤라클레스는 잠시 쉬기 위해 그늘진 나무 밑에 누웠다. 금세 눈이 감기고 그는 잠에 곯아떨어졌다.

그는 두 명의 난쟁이 눈에 띄었다. 그들은 도둑질과 속임수로 잘 알려진 케르코프스들이었다. 이 도시 저 도시로 떠돌아다니는 그들의 악명은 가는 곳마다 점점 퍼졌다.

그들의 성공은 사실 도둑질을 잘하고 사기를 잘 쳐서 얻은 것이었기 때문에 그들은 언제나 농담과 재미난 익살로 간신히 처벌을 면하고 도망쳤던 것이다.

두 명의 케르코프스는 헤라클레스가 잠든 것을 보자 그의 무기를 훔치기로 결정했다. 맨 처음 그들은 그의 방패를 훔쳐 덤불 뒤에 숨겼다. 그다음에 그의 활과 화살을 훔쳤고, 그다음에는 곤봉을 빼 가려고 했다. 그러나 곤봉이 너무 무거워 들 수 없다는 것을 깨닫고 곧 포기했다.

칼을 훔치는 일은 더 어려웠다. 칼이 헤라클레스의 허리에 묶여 있었기 때문이었다. 그런데도 두 명의 난쟁이는 한번 해 보기로 마음먹었다.

케르코프스들이 칼을 빼내고 있을 때, 헤라클레스가 잠에서 깨어났다. 두 명의 난쟁이는 겁에 질렸다.

그들은 두려움을 숨기고 그 자리에서 서커스에서나 볼 만한 몹시 재미난 점프와 재주넘기를 시작했다.

그러나 헤라클레스는 그들이 자기 칼을 훔치려 했다는 것을 알았고, 그들의 재미난 광대놀이가 단지 자기들이 하려던 짓에서 주의를 돌리려는 교활한 속임수라는 것도 알았다.

헤라클레스가 내려다보자 방패와 활이 없었다.

화가 나서 얼굴이 붉어진 그는 덤불 뒤에 무기들이 있는 것도 금세 보았지만 그들을 벌주기로 마음먹었다.

헤라클레스의 첫 번째 생각은 그들을 때리는 것이었다. 그러나 그는 자신을 자제했다. 그들은 너무 작지 않은가! 한 대만 때리면 그들을 죽이게 될 것이다.

그러는 동안 두 명의 케르코프스는 뒤를 돌아보며 쉰 목소리로 농담을 계속하면서 어떻게든 도망쳐 보려고 애쓰고 있었다.

헤라클레스가 재빨리 다가가 그들을 잡고는 소리쳤다.

"그래, 너희들이 하려는 짓이 이거냐, 어?"

그러고 나서 그는 케르코프스들을 움켜쥐고 장대 끝에다 각각 하나씩 거꾸로 매달았다. 그런 뒤 장대를 어깨에 올려놓고 에피소스를 향해 피곤해질 때까지 걸어갔다.

그러나 케르코프스들은 사람을 웃기는 데 재주가 뛰어난 난쟁이였다. 그들은 창 끝에 매달린 채 얼굴을 잡아당

겨 웃기게 만들면서 익살을 떨어 헤라클레스가 에피소스까지 걸어가는 내내 그를 즐겁게 해 주었다. 너무나 열심히 웃기자 마침내 헤라클레스는 그들이 가엾게 여겨져서 놓아 주고 말았다.

드디어 풀려 나자 두 명의 케르코프스는 재주넘기를 몇 번 더 하고, 그가 마음이 바뀌기 전에 재빨리 줄행랑을 쳤다. 애교 있는 익살 덕분에 이 간사한 도둑들은 또다시 도망치는 데 성공했다.

이렇게 헤라클레스는 그들을 용서했지만, 그의 아버지인 제우스는 케르코프스들이 자기 아들에게 하려고 했던 짓에 대해 화를 냈다. 제우스는 두 명의 난쟁이를 돌로 만들어 버렸다.

실제로 에피소스에서 멀지 않은 곳에 두 명의 난쟁이 모습을 한 바위가 있다.

이것을 사람들은 '케르코프스'라고 부른다. 그들보다 나은 도둑질 솜씨나 교활한 속임수는 없을 것이다!

마침내 헤라클레스는 옴팔레 밑에서 노예로 일하는 시간을 다 마쳤다. 그는 힘든 일을 묵묵히 해내 이피토스의 살인이라는 얼룩을 자신의 영혼에서 씻어 냈다. 그리하여 헤라클레스는 다시 한번 자유로운 몸이 되어 그리스로 돌아가기 위해 떠났다.

데이아네이라

헤라클레스는 고향으로 돌아가는 길에, 케르베로스를 잡으려고 하데스 왕국에 내려갔을 때 자신에게 누이를 구해 달라고 부탁했던 멜레아그로스를 떠올렸다.

'아마도 내가 이 모든 고생을 겪어야 했던 것은 멜레아그로스와 한 약속을 잊은 탓인가 보다. 데이아네이라를 놔두고 에우리토스의 딸인 이올레와 결혼하려고 경쟁했으니 말이다.'

그런 생각이 떠오른 것이다.

아켈로오스와의 싸움

그리하여 그는 아이톨리아에 있는 칼리돈으로 가기로 마음먹었다. 그곳은 오이네우스 왕이 다스리고 있었다. 그는 왕에게 데이아네이라와의 결혼을 승낙해 달라고 할 생각이었다.

헤라클레스가 칼리돈에 다다랐을 때, 그는 그리스 각지에서 몰려든 한 무리의 훌륭한 젊은이들을 보게 되었다. 그들 모두는 같은 목적으로 온 것이었다. 주위에 물어보니, 데이아네이라의 아버지인 오이네우스가 씨름 경기를 열어서 승자를 자신의 딸과 결혼시키기로 했다는 것이었다.

그러나 신랑 후보자들 중에는 무시무시한 강의 신인 아켈로오스가 있었다. 아켈로오스는 씨름을 할 때, 뱀으로 변했다가 황소로 변했다가 인간으로 다시 변하는 재주와 힘을 가지고 있었다.

그는 조금이라도 센 상대를 만나면 세 가지가 결합된 모습으로 나타났다. 거대한 뱀 몸뚱어리에 인간의 팔에 두 개의 황소 뿔이 달린 인간의 머리를 하고 나타났던 것이다.

게다가 그는 강의 신이었으므로 두꺼운 수염에서는 거품이 이는 물이 늘 흘러내렸다. 데이아네이라가 그를 보았다면 그의 아내가 되느니 차라리 죽는 쪽을 택했을 것이다.

모든 구혼자들은 두려움에 질려 아켈로오스를 바라보았다. 그리고 그들은 차례로 하나씩 경기장에서 빠져 나갔다. 어떻게 그들이 그런 괴물하고 싸울 수 있겠는가!

그러나 헤라클레스는 싸우기로 결심했다.

아켈로오스는 그를 업신여기며 웃음을 터뜨렸다. 그는 마구 뽐내며 말했다.

"나는 너보다 강하다. 그러니 멀리 도망가는 게 좋을 것이다. 어떤 자도 나를 이긴 적은 없었다. 인간은 말할 것도 없고 신들도 나를 두려워하느니라. 어째서 도도나에서 사람들이 내 이름으로 제물을 바치겠는가. 나는 모든 그리스 강들의 아버지니라. 너처럼 한낱 떠돌아다니는 노예가 아니란 말이다!"

"멀리 달아나는 게 좋을 거라고? 무엇 때문에? 너는 단지 그렇게 욕이나 하고, 너의 괴상한 모습으로나 상대자들을 물리친 것이다. 네가 그런 걸 승리라고 한다면 나는 맨손으로도 너 따위는 쓰러뜨릴 수 있다."

이 말과 함께 헤라클레스는 그에게 돌진해 갔다.

아켈로오스는 매우 놀랐다. 그는 그렇게 용감하고 힘이 센 자한테 도전받아 본 적이 없었다. 그는 사자처럼 싸웠지만 곧 헤라클레스에게 버틸 수 없다는 것을 깨달았다.

그래서 아켈로오스는 다른 기술을 쓰기로 했다. 그는 뱀으로 변해서 헤라클레스의 팔에서 스르르 미끄러져 나갔다. 그러나 곧 헤라클레스의 강철 같은 손아귀에 목이 잡혔다. 그는 숨 막혀 죽을 지경이 되자 이번에는 황소로 변했다. 그러자 헤라클레스는 그의 뿔을 잡고, 그를 들어 올려 땅바닥에 던져 버렸다.

헤라클레스는 아켈로오스의 머리에서 뿔 하나를 뽑아 버렸다. 땅바닥에 납작하게 찌부러진 아켈로오스는 고통으로 끔찍한 비명을 쏟아 냈다.

헤라클레스는 무서운 목소리로 고함쳤다.

"자, 아직도 할 말이 있는가?"

"내 뿔을 돌려주고 데이아네이라를 데려가라!"

그것이 아켈로오스가 창피해하면서 한 대답이었다.

그리하여 헤라클레스는 오이네우스의 딸과 결혼할 수 있었다. 얼마 뒤 그는 아내와 함께 트라키스에 보금자리를 만들러 떠났다. 그곳은 케익스 왕이 다스리고 있었는데, 그는 헤라클레스의 친구였다. 그의 아내인 알키오네는 헤라클레스가 집을 떠날 때면 데이아네이라의 벗이 되어 줄 수 있었다.

켄타우로스 네소스

그러나 가는 길에 그들은 에베노스강을 건너야만 했다. 그곳에서 그들은 돈을 조금 받고 나그네를 저편으로 건네주는 '네소스'라는 켄타우로스를 만났다. 헤라클레스는 데이아네이라를 네소스의 등에 올려 주고 자신은 혼자 헤엄쳐서 강을 건넜다.

반대편 둑에 닿자 네소스는 데이아네이라의 아름다움에 반해 그녀를 안고 갑자기 달리기 시작했다.

헤라클레스는 활을 들어 올렸다. 네소스는 대단히 빨리 달렸지만 레르네의 히드라 독에 적신 화살을 피하지는 못했다. 그 화살은 목표물에 맞았고 네소스는 쓰러졌다. 죽음을 앞두고도 네소스는 헤라클레스에게 복수를 생각했다.

그리하여 그는 데이아네이라에게 말했다.

"나는 당신에게 큰 잘못을 저질렀소. 그래서 속죄하는 뜻에서 당신에게 도움이 되고 싶소. 병을 꺼내 내 상처에서 흘러내리는 피를 담아 가시오. 언젠가 당신의 남편이 다른 여자 때문에 당신을 떠날 것 같은 두려운 마음이 생길 거요. 그때가 되면 달밤에 이 피를 옷에 뿌려서 그 옷을 헤라클레스에게 입히도록 하시오. 그러면 당신의 남편은

즉각 당신에게 돌아올 것이오. 내 피는 그런 마법의 힘을 가지고 있기 때문이오."

데이아네이라는 네소스가 말한 대로 했다. 그녀는 아무것도 의심하지 않고 피를 숨겨 왔다. 그 핏속에 히드라의 무시무시한 독이 섞여 있다는 것을 알 리가 없었다.

헤라클레스와 데이아네이라는 몇 년 동안 행복하게 살았다. 그녀는 헤라클레스와의 사이에서 네 명의 아이를 낳았는데 그중 첫아이가 힐로스였다.

트로이를 진압한 헤라클레스

그러나 너무도 당연하게 영웅은 위대한 업적을 수행하고 용감한 행동을 하지 않고는 살 수 없기 때문에 헤라클레스는 모든 시간을 집에서만 보낼 수 없었다.

그리하여 결혼한 지 얼마 되지 않아 그는 다시 라오메돈을 벌주기 위해 트로이를 치러 가는 원정대를 이끌기로 결심했다. 라오메돈 왕은 아폴론과 포세이돈한테만이 아니라, 무서운 죽음에서 그의 딸 헤시오네를 구해 주었을 때 헤라클레스에게도 약속을 지키지 않았던 바로 그자였다.

헤라클레스는 그리스의 트라키스와 다른 지역에서 온 용감한 젊은이들로 부대를 만들었다. 그러고는 트로이를 향해 열여덟 척의 배를 끌고 항해를 시작했다.

기꺼이 떠난 용사들 중에는 물론 텔라몬이 있었다. 살라미스의 그 영웅은 헤시오네를 단 한순간도 잊지 않았다.

헤라클레스는 트로이를 둘러싸고 재빨리 공격을 준비했다. 진군하라는 명령이 떨어지자마자 텔라몬은 앞으로 돌진했다. 그 어떤 것도 그를 붙잡지 못했다. 그는 성벽의 한 부분을 돌파하여 도시로 들어간 첫 용사가 되었다.

그러나 텔라몬은 자기 뒤에서 올라오는 헤라클라스를 보자, 헤라클레스를 가장 먼저 성안으로 들어가게 하지 않는다면 그를 모욕하는 것이 될까 봐 걱정되었다. 그리하여 그는 바닥으로 허리를 굽혀 돌멩이들을 쌓기 시작했다.

헤라클레스가 물었다.

"텔라몬, 거기서 뭘 하고 있는 거야?"

텔라몬은 재빨리 대답했다.

"승리의 신 헤라클레스에게 제단을 쌓고 있습니다."

이 말을 그대로 들은 건지, 아니면 텔라몬의 재치 있는 대답을 좋아한 것인지는 몰라도 헤라클레스는 이 대답에 기뻐했다. 단지 그때는 그럴 시간이 없다는 것을 깨닫고, 그는 얼른 텔라몬으로 하여금 바로 자기 뒤를 따르면서 용감한 부대의 나머지를 이끌게 했다.

그들은 라오메돈 궁전을 성공적으로 습격했다. 전투는 단번에 끝났다.

헤라클레스와 친구들의 그간의 노력은 곧 승리의 관을 쓰게 되었다. 라오메돈은 죽었고 많은 포로를 잡았다. 그들 중에는 헤시오네도 있었고 그녀의 오빠인 포다르케스도 있었다.

헤라클레스가 사랑스러운 헤시오네를 텔라몬에게 넘기자 그의 기쁨은 이루 말할 수가 없었다.

그러나 헤시오네는 무거운 마음으로 그대로 서 있었다. 그녀가 말했다.

"나는 우리 도시에 떨어진 재난과 아버지의 죽음 때문에 슬픕니다. 아버지는 죽을죄를 지었다는 것을 알아요. 그러니 이전에도 나의 목숨을 구해 주신 이에게 머리 숙여 빕니다. 당신이 내 오라버니를 풀어만 준다면 이 슬픔은 당장 밝아질 것입니다."

헤라클레스는 고함을 쳤다.

"누군가 노예가 되어야 할 사람이 있다면 그건 바로 그 자요! 그는 목숨을 건진 것만도 운이 좋은 것이오!"

그러나 텔라몬은 애원하는 듯한 얼굴로 헤라클레스를 바라보며 헤시오네의 부탁에 호의를 베풀 것을 간청했다.

헤라클레스는 텔라몬이 원하는 것을 깨닫고 말을 바꾸었다. 그는 일부러 엄한 목소리로 말했다.

"그러니 우리는 그를 결코 풀어 주지 않을 것이다."

그렇게 말한 다음 다시 덧붙였다.

"네가 그자를 돈으로 사지 않는다면 말이다."

그때 헤시오네는 오빠의 자유를 살 돈이 없었다. 그녀에게는 참으로 근심스러운 순간이었다. 그러다 갑자기 헤시오네의 머리에 한 가지 생각이 떠올랐다. 그래서 그녀는 수줍게 제안했다.

"나는 당신께 내 베일을 드릴 수 있어요."

헤라클레스가 소리쳤다.

"아주 찬란하군!"

그는 포다르케스를 자유롭게 해 주었을 뿐만 아니라 이름을 '프리암'이라고 새로 지어 주고 트로이의 왕으로 만들었다. 그 이름은 '값을 치른 자'라는 뜻이었다.

마침내 그들은 모두 배를 타고 그리스를 향해 떠났다.

그러나 여행 중에 헤라는 헤라클레스를 괴롭힐 또 다른 기회를 찾아냈다. 그녀는 제우스에게 잠의 신을 보내 깊이 곯아떨어지게 한 다음, 북풍의 도움을 구해 산더미 같은 파도를 바다에 일으켰다. 그리하여 헤라클레스와 친구들의 목숨이 위험하게 되었다.

마침내 배는 코스섬으로 밀려갔다. 거기에서 그들은 노한 바다로부터 도망쳐 온 배들이 모여 있는 항구를 보았다. 그러나 그 피난처에도 커다란 위험이 그들을 기다리고 있었다. 그 섬의 주민들이 그들을 해적으로 알고 바닷가에서 바위를 던져 댄 것이다.

그 바람에 헤라클레스가 날아오는 돌에 맞았다. 영웅들은 바닷가로 가서 싸웠다.

섬사람들은 곧 패배했다. 그들은 자기들을 이긴 자가 누구인지를 알고는 매우 부끄러워하며 그들을 몇 배로 환영했다. 그들은 영웅들의 노여움을 달래느라 풍부한 선물을 준비했다.

그동안 제우스가 잠에서 깨어났다. 눈을 뜨자 그는 상처에서 피를 콸콸 흘리면서 싸우고 있는 부상당한 헤라클레스를 보게 되었다. 화가 나고 걱정이 된 제우스는 하늘에서 직접 내려와 헤라클레스를 전쟁터로부터 배로 데려갔다. 거기서 상처에 붕대를 감고 흐르는 피를 멈추게 했다.

신들과 인간들을 다스리는 제우스는 평소에도 자주 화를 냈지만 이때만큼 화가 난 적도 없었다.

그는 이것이 모두 헤라의 짓이란 것을 알았다. 화가 치민 그는 헤라를 붙잡아 거대한 황금 사슬로 묶어서 하늘과 땅 사이의 구름에다 매달았다.

제우스는 헤라에게 더 큰 고통을 주기 위해 그녀의 발에 두 개의 커다란 쇳덩어리를 매달았다. 그러자 헤라의 다리가 늘어나 그녀는 참을 수 없는 고통을 겪어야 했다. 소름 끼치는 고통에 시달리며 헤라는 도와 달라고 애처롭게 소리 질렀다.

그러나 전능한 제우스가 모든 신들에게 만약 헤라를 도와줬다가는 올림포스에서 저 아래 땅으로 쫓겨날 거라고 경고했는데, 누가 감히 그녀를 풀어 준단 말인가? 아무리 신들이 죽지 않는 불멸의 존재라 한들 저 땅에 가면 그들은 최후를 맞게 되는 것이었다.

그러나 헤라의 괴로움이 아무리 큰 것이었다 할지라도, 자신의 아들에게 있었던 모든 위험을 생각할 때면 제우스에게는 그것으로도 모자랐고, 그 벌조차 너무 가벼웠다.

제우스는 모든 신을 다 합친 것보다도 헤라클레스를 더 많이 사랑했기 때문이었다.

헤라클레스는 거의 죽을 뻔한 위기를 겪었지만 그것으로 끝난 게 아니었다. 아직도 더 위험한 또 다른 모험이 그의 앞에 놓여 있었다.

거인들과의 전투

대지의 여신 가이아의 자식들은 무적의 거인들로, 신들에게 야만적이고 무자비한 전쟁을 선포했다.

그러자 그때까지 드러내 놓고, 아니면 몰래 헤라클레스를 자주 도와주었던 아테나 여신은 이번에는 입장이 바뀌어 헤라클레스의 도움을 요청하러 갔다.

아테나의 얼굴은 공포로 창백했다. 거인들 중에서도 기간테스는 무시무시한 종족이었기 때문이다. 그들의 얼굴은 보기만 해도 소름이 끼쳤고, 거칠게 돋아난 그들의 머리카락과 수염은 덤불 같았다. 무엇보다 가장 끔찍한 것은 그들의 굵은 다리가 꿈틀거리는 뱀으로 되어 있다는 점이었다.

그들의 몸집과 힘은 가장 대담한 자들도 움츠러들게 만들었다. 그들은 산을 들어서 적에게 던질 수 있었다. 거인들은 신들보다 힘이 셀 뿐 아니라 숫자도 열 배가 넘었다.

그것만으로 충분치 않은 듯 가이아가 그들에게 마법의 약을 주어서 그들은 신들의 힘과 무기에도 다치지 않게 되었다.

그들은 대단한 힘에 대한 자신감으로 신들을 올림포스에서 끌어내리고, 자기들이 이 세상의 새로운 지배자로 나서기로 결정했다. 만약 이 소름 끼치는 존재들이 그들의 목적을 달성한다면 이 세상은 암흑의 날들이 될 것이었다. 세상은 아름다움을 잃고, 고통과 괴로움만이 인간의 유일한 동반자가 될 참이었다.

그때 벌어진 전쟁은 끔찍했다. 티탄족들과의 전투 이래로 이 세상에 그런 싸움이 일어난 적이 없었다. 신들 또한 그렇게 위험에 빠진 적이 없었다.

기간테스족은 산처럼 거대한 바위들을 하나씩 쌓아올려 올림포스산 바로 밑까지 신들을 추적해 왔다. 그때 만약 제우스가 벼락을 비처럼 쏟아 놓아 세상을 끝낼 것처럼 그들을 때려 부수어 쫓아내지 않았더라면, 신들의 궁전은 진작에 습격받았을 것이다.

이제 전쟁은 거인들의 고향인 칼키디케에서 절정에 이르고 있었다.

거인족은 신들의 무기에는 상처를 입지 않았지만, 인간의 무기에는 어떻게 될지 몰랐다. 필요한 것은 그들과 맞설 만큼 용감한 영웅이었다. 그러나 그런 사람을 찾는 일은 쉬운 게 아니었다.

헤라클레스만이 유일한 희망이었다. 그래서 아테나가 지금 이 위대한 영웅을 찾아온 것이다. 아마도 그의 힘과 용기와 히드라의 독이 묻은 화살들이 올림포스를 구해 낼 수 있을지도 몰랐다.

헤라클레스는 당장 달려가 싸움에 합세했다.

칼키디테의 튀어나온 곳에서 끔찍한 싸움이 벌어지고

있었다. 신들과 거인들의 싸움이 너무도 격렬하여 온 땅이 흔들렸다. 제우스의 벼락이 끊임없이 일제 사격을 퍼붓고 있었다.

하늘은 번쩍이며 쉬지 않고 천둥이 울려 퍼졌다. 신들은 사자처럼 싸우고 있었지만 별 승산은 없었다. 어떤 것도 거인족에게 상처조차 낼 수 없었다.

신들은 지금 불멸의 존재에서 티탄족이 쫓겨 가 있는 타르타로스로 떨어지는 지점에 몰려 있었다. 바로 그 순간 제우스의 무시무시한 아들이 싸움에 끼어들어 놀라운 광경을 만들어 냈다.

하나, 둘, 셋, 헤라클레스의 화살이 허공을 가르고 날아가자 세 명의 기간테스가 쓰러졌다. 그들은 이 전쟁에서 죽은 첫 번째 거인들이었다.

네 번째 화살이 거대한 알키오네우스의 가슴에 꽂혔다. 그러나 이상하게도 그는 죽지 않았다. 그러자 아테나가 얼른 달려와, 발이 팔레네를 딛고 있는 한 거인족은 죽지 않는다고 알려 주었다.

팔레네는 기간테스족이 태어난 곳이었다. 이 이야기를

들은 헤라클레스는 갑자기 앞으로 뛰쳐나가 억센 팔로 알키오네우스를 들어 올려 다른 장소로 데리고 갔다. 마침내 그 끔찍한 거인은 죽었다.

또 다른 기간테스 포르피리온은 헤라를 쫓고 있었다.

헤라클레스에 대해 사라지지 않는 증오를 품고 있는 여신이었지만 그가 자신을 구해 주는 것만큼은 사양할 수 없었다. 또 다른 독 묻은 화살이 날아가자 포르피리온은 죽어 버렸다.

헤라는 부끄러운 눈으로 헤라클레스를 바라보았다. 자신을 죽이려던 상대를 기꺼이 죽음에서 구해 준 고귀한 정신은, 비록 신일지라도 넘볼 수 없는 것이었다.

헤라는 새삼 자신의 운명에 대해 생각했다. 알크메네의 아들을 죽이려던 자신의 계획들 중 어느 하나라도 만약 성공했더라면 어땠겠는가.

그러나 지금은 그런 생각을 할 겨를이 없었다. 전쟁은 아직도 숨 막히게 진행되고 있었다.

이제 일곱 명의 거인이 아프로디테를 쫓고 있었다. 헤라클레스는 기회를 노렸다가 그들을 차례로 죽였다.

신들은 새로운 용기를 얻어 싸웠다. 거인들의 힘이 약해지고 있었기 때문이다.

그때부터 거인들은 신들의 무기에도 상처를 입게 되었다. 아테나의 긴 창에 꽂혀서 거인 팔라스가 죽었다.

헤파이스토스는 빨갛게 이글거리는 쇠로 클리테이스를 끔찍하게 태워 죽였다.

디오니소스는 에우리토스를 자신의 지팡이로 죽였고, 헤르메스와 아르테미스와 운명의 여신들에 의해 네 명이 더 죽었다.

그러나 아레스는 에피알테스와 붙었을 때 급히 후퇴했다. 아폴론이 그 무시무시한 거인에게 상처를 입힐 수도 있었지만 헤라클레스가 그를 끝장내기 위해 달려들었다.

거인들은 그때까지의 승리가 갑자기 패배로 돌아서는 것을 알았다. 그들은 그렇게 된 원인이 헤라클레스라는 것을 깨닫고는, 열 명이서 한꺼번에 헤라클레스에게 달려들었다.

그러나 헤라클레스는 조금도 용기를 잃지 않았다. 그는 거인들에게 하나씩 차례로 화살을 쏘았다. 하나의 화살

이라도 빗나갔다면 거인들은 헤라클레스를 죽일 시간을 얻었을 것이다. 그러나 하나하나의 화살이 정확히 목표물에 맞아서 열 명의 거인 모두 죽어 땅에 쓰러졌다.

이제 전투는 끝나 가고 있었다. 헤라클레스의 화살과 제우스의 벼락이 마지막 남은 적들을 쓰러뜨렸다.

단지 두 명의 거인만이 남았다. 그들은 달아났고 신들은 바짝 추적했다.

포세이돈이 코스섬 근처에서 폴리보테스를 따라잡았

다. 포세이돈은 섬에서 산을 뽑아내 그의 머리에 내리쳤다. 뽑힌 산은 그 자리에서 새로운 섬이 되었다. 코스섬의 이웃 섬인 니실로스는 그렇게 태어났다.

모든 거인 중에서도 가장 강했던 엔켈라도스는 아테나가 산을 넘고 바다를 건너면서 쫓아가 시칠리아섬 전체를 그의 몸 위에 올려놓아 눌러 버렸다. 그래도 엔켈라도스는 죽지 않았다. 섬 밑에 깊이 묻혀서도 그는 꿈틀거리고 부들부들 떨어서 가끔씩 온 세상을 가르는 무서운 지진을 일으키게 되었다.

이 이야기는 거인들과의 전쟁이 어땠을지를 말해 준다. 그것은 헤라클레스의 업적 중에서 가장 최고였다. 사람들은 헤라클레스를 신들의 구원자로 여겼다.

에우리토스에게 복수하다

거인들의 전투와 더불어 우리는 헤라클레스의 마지막 위업에 다다랐다. 이제 에우리토스를 벌주기 위해 오이칼리아를 공격한 그의 원정에 대해 말하는 것만 남았다. 그 원정은 승리로 끝났지만 영웅에게는 재앙을 불러왔다.

그러나 헤라클레스를 죽음으로 몰고 간 그 모험은, 동시에 그를 올림포스에 올라가 신이 되게 만드는 계기가 되었다.

헤라클레스는 에우리토스와 그의 아들들을 결코 잊지 않았다. 그는 그들이 약속을 깨고, 이올레와 결혼시켜 주지 않고, 자신에게 그런 모욕과 경멸을 준 그들을 결코 용서할 수 없었다.

그러나 헤라클레스는 왜 그때까지도 이 오래된 이야기

에 사로잡혀 있어야만 했을까? 결국 그는 데이아네이라와 결혼했으니 그들이 약속한 대로 이올레와 결혼하지 못 한게 무슨 문제가 될 것인가?

헤라클레스가 에우리토스에게 벌을 내리겠다고 맹세했기 때문이다. 그로부터 오랜 시간이 흘렀다. 그는 더 이상 그 문제를 내버려 둘 수가 없었다. 게다가 에우리토스는 자신의 아들들과 강한 군대를 믿고 여전히 헤라클레스를 경멸하고 있었다. 심지어 겁쟁이 헤라클레스가 자기를 두려워한다고 뽐내기까지 했다.

에우리토스는 자신과 아들들이 헤라클레스에게 얼마나 불명예스러운 행동을 했는지 잊었다. 도리어 헤라클레스가 진지한 복수의 맹세를 한 뒤 그것을 지키지 않았다고 주장하며, 그를 맹세를 깬 자라고 부르기까지 했다.

헤라클레스는 그들을 벌주기 위한 원정에 오르지 않을 수 없었다. 용감한 젊은이들의 부대가 그의 대열에 합류하자 모든 군대는 준비를 끝냈다. 원정대가 출발했다. 오이칼리아는 쑥대밭이 되었고 에우리토스는 아들 모두와 함께 죽임을 당했다.

그러나 이 이야기의 중요한 부분은 이것이 아니다.

헤라클레스는 붙잡힌 포로 중에서 두세 명의 남자와 수많은 여자를 골라 자신의 심복인 리카스에게 맡겨, 집에서 기다리는 데이아네이라에게 보냈다.

데이아네이라는 즉시 그 속에서 공주처럼 차려입은, 아찔할 만큼 아름다운 젊은 여인을 알아보았다.

데이아네이라는 먼저 리카스에게 저 여자가 누구냐고 물었다. 그러나 그는 모르는 척했다.

그녀는 포로를 통해 그 여자가 이올레이며 에우리토스의 딸이라는 사실을 알았다.

데이아네이라의 가슴속에서 쓰디쓴 질투가 뿜어져 나왔다. 그녀는 헤라클레스가 이올레를 아내로 삼을까 봐 덜컥 겁이 났다. 이올레는 자기보다 젊었고 훨씬 아름다웠다.

데이아네이라의 의심이 옳았는지 틀렸는지, 우리는 결코 듣지 못하게 된다. 어떤 신화도 헤라클레스가 이올레를 아내로 삼기를 원했는지 아닌지 말하고 있지 않다. 그 영웅은 너무나 인기가 있어서 설사 그가 잘못을 했다 해도 누구도 그것을 드러내고 싶어 하지 않았다.

그러나 질투심에 사로잡힌 데이아네이라는 모든 문제를 침착하고 냉정하게 생각할 수 없었다. 그녀는 헤라클레스의 애정을 붙잡기 위해 켄타우로스 네소스의 피를 써야겠다고 생각했다.

네소스의 복수

데이아네이라는 옷장으로 달려가서 자신의 손으로 바느질한 가장 훌륭한 옷을 꺼냈다. 그런 다음 들판으로 나가 달빛이 비칠 때, 석판 위에 옷을 올려놓고 네소스의 피를 적셨다. 이 가엾은 여인은 그 피가 세상에서 가장 독성이 강한 히드라의 독으로 더럽혀져 있다는 것을 전혀 몰랐다.

일을 마치자 그녀는 상자 안에 옷을 넣고 리카스를 불렀다.

"당장 헤라클레스에게로 가라. 이 상자 안에 그를 위해 내가 직접 바느질한 옷이 있다. 그가 전능하신 제우스에게 제물을 올릴 때 이 옷을 입기 바란다고 전해라."

그리하여 리카스는 헤라클레스에게 옷상자를 가져다 주기 위해 전속력을 다해 어둠 속으로 사라졌다.

아침에 데이아네이라는 마당에 나갔다가 공포로 거의 미칠 지경이 되었다. 그녀가 그 위에 옷을 올려놓고 네소스의 피를 뿌린 석판의 색이 변해 있었다.

그때 태양이 떠오르자 돌이 따뜻해지기 시작했다. 곧 핏자국이 끓기 시작하더니 초록색 거품이 일었다. 그러자 석판은 무서운 독에 의해 녹아 버리고 말았다.

그제야 데이아네이라는 모든 사실을 깨달았다. 네소스는 그녀와 헤라클레스와의 사랑을 도와주고 싶어 한 것이 아니라 그에게 복수하려고 그를 죽이고 싶어 했다는 것을.

제정신이 아닌 데이아네이라는 큰아들인 힐로스를 불러 명령했다.

"오이칼리아로 달려가라. 도중에 한순간도 멈추지 말고. 너는 아버지가 내가 보낸 옷을 입는 것을 막아야 한다. 그 옷에는 독이 묻었어!"

그녀는 숨을 헐떡이며 말했다.

"무슨 말씀을 하시는 거예요, 어머니? 어머니가 어떻게 그런 일을?"

힐로스는 놀라서 물었다.

"지금은 시간이 없어! 달려가 아버지를 그 무서운 죽음에서 구해라!"

힐로스는 바람처럼 달려갔다. 그는 마치 원한 맺힌 귀신들이 뒤에서 쫓아오는 것처럼 달렸다.

그러나 너무 늦었다.

헤라클레스는 아침 일찍 제사를 드리기 위해 아내가 보낸 선물을 입었다. 태양이 막 떠올랐고 황금 햇살이 옷에 닿자마자 옷에 뿌려진 독 묻은 피는 따뜻해지기 시작했다.

바로 그 순간 한 목소리가 들려왔다.

"옷을 벗어요! 그 옷에는 독이 묻었어요!"

힐로스였다. 그는 헐떡이며 그 말을 뱉자마자 힘이 빠져 쓰러졌다. 온 힘을 다해 달려왔던 것이다.

그때 헤라클레스의 몸도 갑자기 소름 끼치는 고통에 휩싸였다. 그는 옷을 찢어 내려 했지만 소용이 없었다. 옷은 그의 살갗에 착 달라붙었다. 옷을 벗으려고 애쓸수록 살갗이 떨어져 나가려 했다. 그는 끔찍한 고통으로 갈기갈기 찢겨 나가는 것만 같았다.

살아오는 동안 아무리 괴로움이 커도 단 한 번도 고통스런 비명을 질러 보지 않았던 이 영웅이, 어찌나 큰 소리를 질렀는지 하늘의 신들까지 그 소리를 듣게 되었다.

신들 사이에서는 헤라클레스에게 그런 나쁜 짓을 한 데이아네이라에 대해 무거운 저주가 퍼부어졌다.

헤라클레스가 신음했다.

"나를 이곳에서 데려가라. 이곳이 나를 숨 막히게 한다. 나를 트라키스로 데려가서 데이아네이라가 자신이 저지른 짓을 보게 하라."

그래서 사람들은 헤라클레스를 배에 싣고 트라키스로 데리고 갔다.

힐로스는 어머니를 찾으러 달려갔다. 그는 어머니를 보자마자 소리쳤다.

"어머니가 이 세상에서 가장 명예롭고 가장 훌륭한 인간을 죽인 거예요. 지금까지 온 세상이 알아 온 가장 위대한 영웅을!"

 데이아네이라는 고통스러운 비명을 지르면서 집으로 뛰어들어가 큰 소리로 울었다. 그녀의 얼굴 위로 눈물이 강물처럼 흘렀다.

 그러나 울음소리가 갑자기 끊겼다. 힐로스가 안으로 달려 들어가자 끔찍한 광경이 눈에 들어왔다. 그의 어머니가 피를 쏟고 죽은 것이었다.

 힐로스는 재빨리 아버지에게로 돌아가 외쳤다.

 "어머니가 목숨을 끊었어요!"

 그러나 헤라클레스는 너무나 고통스러워서 아들의 말을 듣지 못했다.

 "나를 오이테산 꼭대기로 데려가라. 나는 신들과 더 가까운 곳에서 죽고 싶다."

 사람들이 헤라클레스를 산꼭대기로 옮겼다. 그는 사람들에게 화장할 나무를 모아 와서 그 위에 자기를 눕히라고 명령했다.

 그런 뒤 헤라클레스는 힐로스에게 어린 동생들과 누이를 잘 돌보고, 어른이 되면 이올레를 아내로 맞으라고 말했다. 이 모든 말을 마친 다음에 그는 명령했다.

"자, 불을 붙여라!"

그들은 모두 서로를 바라보았다. 누가 불을 붙일 수 있겠는가? 그들이 아무리 불길에 타 죽는 쪽이 지금 그가 당하는 고통보다 덜 괴로울 것임을 알고 있다 할지라도 누가 저 용감무쌍한 살아 있는 영웅을 감히 태울 수 있었겠는가?

헤라클레스는 다시 한번 소리쳤다.

"불을 붙이라고 내가 말하지 않는가!"

그러나 아무도 움직이려 하지 않았다.

"힐로스, 불을 붙여라!"

그러나 힐로스도 차마 그 일을 할 수 없었다.

"불을! 불을! 아무도 불을 붙여 줄 만큼 나를 가엾게 여기는 자가 없단 말인가?"

헤라클레스의 끔찍한 고통이 그들의 마음을 건드렸다.

그러나 누구도 선뜻 나서는 자가 없었다.

그때였다. 이름난 궁수인 필로크테테스가 나타났다. 그는 이 위대한 영웅을 동정했다.

헤라클레스가 자신의 몸에 불을 붙여 주면 레르네의 히드라 독이 묻은 화살을 주겠다고 하자, 필로크테테스는 그가 바라는 대로 해 주겠다고 약속했다.

올림포스로 올라간 헤라클레스

그러나 그 불길이 헤라클레스에게 닿기도 전에 하늘이 천둥소리로 갈라졌다. 그리고 그 모든 광경은 제우스의 번개에 의해 환히 드러났다.

하늘에서 날개 달린 네 마리 말이 끄는 전차가 내려왔다. 그 속에는 아테나와 헤르메스가 서 있었다. 그와 동시에 숲에서는 요정들이 물 항아리를 들고 달려 나와 불을 껐다.

아테나와 헤르메스가 헤라클레스의 손을 잡자 그는 그 자리에서 말끔히 나아서 일어섰다. 그들은 헤라클레스를 전차에 태웠다. 그러자 말들은 눈부신 날개를 활짝 펴고 올림포스를 향해 날아올랐다.

거기서 모든 신들이 헤라클레스를 맞이했다.

제우스와 헤라는 왕좌에서 내려와 그를 환영했다. 누구

든 그것을 본 자는 가슴이 뭉클해지는 순간이었다. 헤라클레스와 헤라는 마침내 화해했다. 헤라는 자신의 딸인 헤베를 시켜 새로운 신에게 넥타르를 가져다주게 했다.

헤베는 부드럽고 하얀 손을 내밀어 헤라클레스의 넓은 손바닥에 올려놓았다. 모든 신은 그들에게 축복을 베풀었다.

곧 눈부신 결혼식이 거행되었다. 헤라클레스는 빛나는 신들의 궁전에서 헤베와 결혼하여 올림포스 위에서 영원히 행복하게 살았다.

그러나 그 위대한 영웅은 세상을 떠나서도 사람들의 기억에서 영원히 잊히지 않았다.

어디서든 그의 이름으로 제물이 바쳐졌고, 어디서든 그의 이름으로 사원이 지어졌다. 그리고 체육 경기가 열리는 모든 도시에서는 그를 기념하여 '헤라클레이아'라는 경기가 정기적으로 열렸다.

그러나 무엇보다도 사람들은 그의 놀라운 업적에 대해서, 그 고생스러운 인생의 셀 수 없는 고통에 대해 말하기를 좋아했다. 그들은 어떤 영웅보다도 헤라클레스에 대해 더 많이 이야기했다.

 헤라클레스는 너무나 많이 사랑받은 인물이라 수천 년의 세월이 흐른 지금에도 그의 이름이 사라지지 않고 남았다.

정재승이 추천하는
뇌과학으로 신화 읽기 《그리스 · 로마 신화》

제1권 키워드 권력
　제우스 헤라 아프로디테

제2권 키워드 창의성
　아폴론 헤르메스 데메테르 아르테미스

제3권 키워드 갈등
　헤파이스토스 아테나 포세이돈 헤스티아

제4권 키워드 호기심
　인간의 다섯 시대　프로메테우스　대홍수

제5권 키워드 놀이
　디오니소스 오르페우스 에우리디케

제6권 키워드 탐험
　다이달로스 이카로스 탄탈로스 에우로페

제7권 키워드 성장
　헤라클레스

제8권 키워드 미궁
　페르세우스 페가소스 테세우스 펠레우스

제9권 키워드 용기
　이아손 아르고스 코르키스 황금 양털

제10권 키워드 반전
　전쟁 일리아드 호메로스 트로이

제11권 키워드 우정
　오디세우스

제12권 키워드 독립
　오이디푸스 안티고네 에피고오니